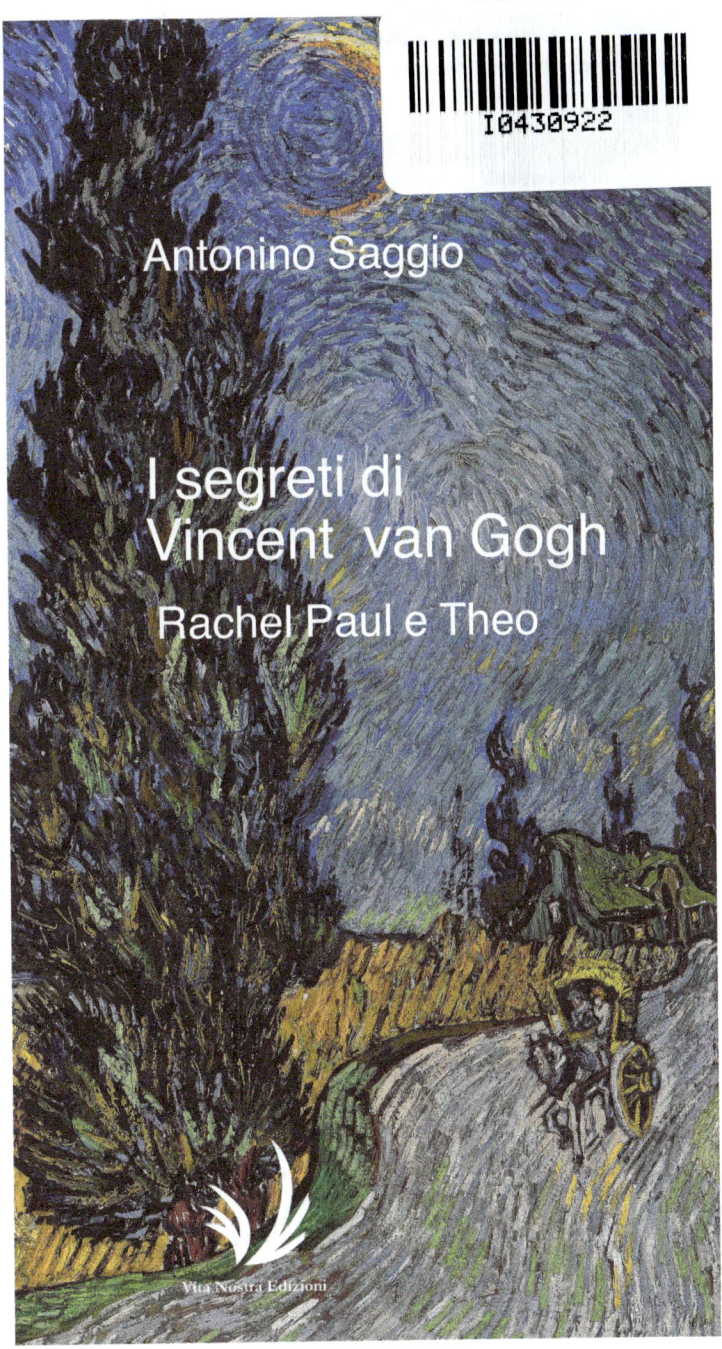

Antonino Saggio

I segreti di Vincent van Gogh
Rachel Paul e Theo

Vita Nostra Edizioni

a Caterina
perché difenda il giusto

Titolo: *I segreti di Vincent van Gogh*
Sottotitolo: *Rachel Paul e Theo*
Parole chiave per la ricerca bibliografica: Vincent van Gogh, Paul Gauguin, Arles, Tecniche pittoriche, Provenza
Data: gennaio 2023
Luogo: Roma
Isbn 2023: 979-8-3622-8142-7
Quarta edizione riveduta aprile 2026

Editore: Vita Nostra Edizioni
Indirizzo: piazza Grecia 61, cap. 00196 Roma tel. 0697615923
Internet: www.vitanostraedizioni.it
Distribuzione internazionale: Amazon.com
Collana: arte and around

Edizioni multimediali in italiano e inglese in www.arc1.uniroma1.it/saggio/vanGogh/

Questo libro è una riveduta e ampliata di:
Antonino Saggio, *Van Gogh segreto. Il motivo e le ragioni*
Edizioni Kappa, Roma, maggio 2011, 4^ aprile 2013
Isbn edizione 2011: 978-1-4475-7916-8

In English
A Secret van Gogh. His Motif and Motives
ITools, Raleigh, NC, USA March 2011

In copertina

Strada con cipresso sotto un cielo stellato, Saint-Remy, (dettaglio) c. 12-15 maggio 1890, Kröller-Müller Museum, Otterlo, 50x100 cm F 683 JH 1982

p. 1

Coppia che cammina, «Gli amanti» Arles, c. 16 marzo 1888, collezione privata, 23-x32,5 cm F 544 JH 1369

INDICE

- 7 *Premessa*
- 8 *La Bibbia*
- 13 *Vincents*
- 15 *Le scarpe*
- 16 *L'attesa*
- 18 *Il tunnel*
- 20 *Souvenir de Mauve*
- 22 *Camera, donna e culla*
- 26 *Paul e Vincent soli*
- 28 *Il giardiniere*
- 33 *Sole e notte*
- 38 *Addendum*
- 44 *Il pittore dei girasoli*
- 69 *Le icone*
- 70 *Fiori*
- 75 *La locanda*
- 87 *A chi legge*

- 88 *Note*
- 105 *Cronologia*
- 108 *Bibliografia commentata*

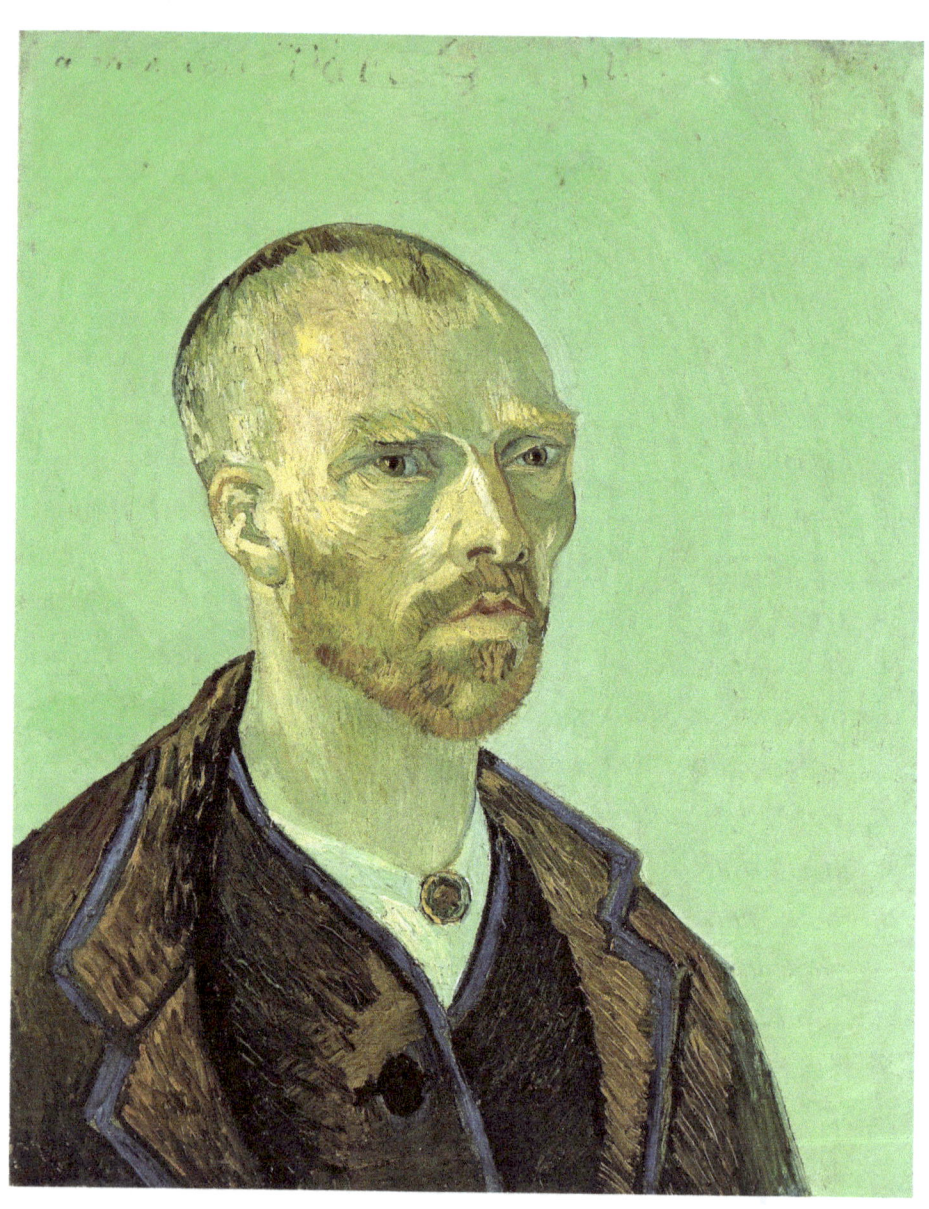

Autoritratto dedicato a Paul Gauguin, «Il Bonzo», Arles, c. 16 settembre 1888, Fogg Art Museum, Harvard University, Cambridge, MA, USA, 62x52 F 476 JH 1581

I Segreti
di Vincent van Gogh

Auvers-sur-Oise, 27 luglio 1890

Ormai ho deciso. Troppo dolore pesa su di me, non vedo più possibilità di amore e senza questo tutto si spegne. Sono tranquillo nel prendere questa decisione e immagino che quando starò per morire vedrò tutto chiaramente e sarò sereno. Forse vedrò mille immagini che mi girano attorno e che si sovrappongono e che si avvitano a spirale nei cipressi o nel cielo stellato. Vedrò la mamma, con i suoi acquerelli, le ragazze sugli alberi del giardino e io che vado a pescare le rane, papà burbero e la torre del cimitero che sempre mi sembrava voler parlare. E vedrò te Theo, fratello caro, carissimo, con tua moglie e il piccolo Vincent, felici di essere insieme.

È un poco che ci sto pensando. Questa è ormai l'unica decisione, la più giusta per tutti. Mi ci sto preparando lentamente. Ho pensato a questo momento dell'abbandono e della morte come a un tornare orizzontale, a un rientro nella madre terra. E ho intelaiato e dipinto nelle ultime settimane queste tele strette e lunghe, le troverai, sono le mie ultime. Il grano sotto la tempesta, quello con corvi, le radici degli alberi che si nutrono della terra. Non è un bel quadro questo, ma cosa voglio dire, forse apparirà chiaro. Noi alla terra torniamo, e dalla terra nuova vita si avvinghia e cresce.

La terra, la terra. Penso che l'istante prima di morire – rivedrò il pozzo del Borinage, quando andavo giù con i minatori in quelle discese lunghissime negli inferi: 300, 400, 500, 600 metri... giù, giù. E mentre si scendeva, la luce dall'alto che diventava più piccola: un pozzo, un lumicino, quasi una stella alla fine.

Ora basta, la stella si spegne.

E di un colpo come in un abbaglio rivedo ancora i miei girasoli, vedo la mia pittura, vedo la mia camera. E con la mia camera, a Arles vedo le mie compagne, tutte insieme. Amori infelici, amori solitari, amori drammatici, ma in cui ho creduto disperatamente.

Ma ora basta tutto deve finire.

Vincent

Premessa

I segreti di Vincent van Gogh presenta diversi strati che il lettore troverà sovrapposti e intrecciati come raramente avviene nella saggistica, ma come spesso accade nella vita e nei pensieri. Una interpretazione unitaria del lavoro del pittore olandese, che ha avuto poche anticipazioni nella critica, è sviluppata nel testo. Sinteticamente, la possiamo far ricadere nella grande categoria della "personificazione".

I quadri di van Gogh ci parlano più di qualsiasi spiegazione verbale e ci dicono che le cose sono per lui esseri e reciprocamente che noi viviamo nelle cose. Attraverso questa analisi il lettore si troverà dentro le opere e le guarderà sotto una luce, ci auguriamo, illuminante.

Insieme a questo strato, nel testo ne è combinato un altro che ha appassionato i primi lettori del libro. È quello dell'inchiesta su alcuni episodi decisivi della vita del pittore. Sulla base di fonti certe, si fornisce dell'episodio chiave della mutilazione dell'orecchio a Arles, e degli attori coinvolti nell'episodio, Rachel, Paul Gauguin e il fratello Theo van Gogh una nuova ricostruzione.

Le riproduzioni sono state scelte con cura tra le molte disponibili come le più fedeli possibile all'originale, ciò è stato possibile grazie alla conoscenza diretta di molti dipinti. La «Cronologia» è una sezione cui rimandiamo per ulteriori dettagli biografici e per avere un quadro più preciso degli eventi, il corpo delle «Note» è dettagliato per supportare quanto si sostiene nel testo e per formulare delle ipotesi utili a meglio comprendere l'arte di van Gogh. La «Bibliografia» è commentata, mentre altri testi, più specialistici, sono citati solo nelle note. In questo libro è usata la calligrafia di Vincent ricreata digitalmente in due lettere apocrife (di cui uno è l'incipit qui accanto) si tratta un artificio letterario per condensare in poche pagine molti complessi avvenimenti.

Vorrei Infine ringraziare i collezionisti, le fondazioni, i musei proprietari delle opere, la miracolosa enciclopedia Wikipedia e naturalmente la fondazione Huygens e il van Gogh Museum di Amsterdam alla cui opera si deve la magnifica pubblicazione delle lettere in sei volumi. La prima edizione di questo mio libro, pubblicata nel 2011, e oggi molto ampliata, è stata uno dei primi saggi che ha potuto trarre vantaggio di questa opera filologica, lungamente attesa dagli studiosi.

AS Roma, 24 dicembre 2022

La Bibbia

Come raccontare, a chi legge, la forza violentemente bella dell'opera di Vincent van Gogh? La risposta è come sempre in un intreccio, in un nodo, terribile verrebbe da dire nel suo caso, di motivi. Ma per sciogliere questo nodo, bisogna capire il principio, avere la chiave.

p. 10   Per penetrare nel suo mondo è utile partire, secondo me, dalla NATURA MORTA CON BIBBIA, realizzata in morte del padre. Intanto ricostruiamo la scena. Van Gogh proviene da una famiglia di media borghesia olandese. I mestieri tramandati da generazioni sono il mercante d'arte (il fratello Theo, sarà, sin dall'età di 23 anni, il direttore di una importante casa francese) o il pastore d'anime. Vincent da giovane farà entrambe le cose. Prima, per alcuni anni, l'apprendista venditore d'arte, a Londra, poi a Parigi e all'Aia, poi studierà accanitamente per diventare pastore, ma non si presenterà agli esami e farà il predicatore evangelico tra minatori in Belgio e per due anni vivrà poverissimo tra i poveri. Solo a 27 anni, dopo un travaglio drammatico di molti giorni, decide di voler diventare pittore e si immerge in un processo di auto educazione al disegno.

Dopo due anni trascorsi all'Aia, occupati soprattutto a ritrarre persone derelitte, in particolare la donna con cui convive, torna a casa, in un paesino brullo e sperduto dell'Olanda meridionale. Vive in una dependance nel giardino della canonica del padre pastore protestante, mangia in un angolo con il piatto sulle ginocchia scrutando il proprio lavoro in corso e affitta uno studio per lavorare nella ex casa del sagrestano cattolico. Fa il pittore ormai, Vincent, e dipinge e disegna con straordinaria tenacia. Opere forti si susseguono: sono umili lavoratori della terra, ritratti di facce impastate nel fango e incise nel legno con la stessa brutalità degli zoccoli che portano ai piedi quelle persone, sempre, inesorabilmente, piegate.

Con Theo, di quattro anni più giovane, ha una fittissima corrispondenza e hanno siglato un accordo. Tutti i quadri che produce sono proprietà del fratello che cercherà di venderli in cambio di un assegno mensile. È un accordo professionale vero e proprio, tra due uomini che conoscono bene il campo dell'arte.

Con il padre ha discussioni accanite. Opposte indoli si fronteggiano. L'uno è ligio, rigido, puritano, di scarso successo in quello sperduto borgo di contadini; pittore, e molto eccentrico, l'altro. Indossa sempre un berretto di pelo e una blusa blu, da lavoratore, di quel tessuto dei marinai fatto a Genova, l'antesignano del jeans.

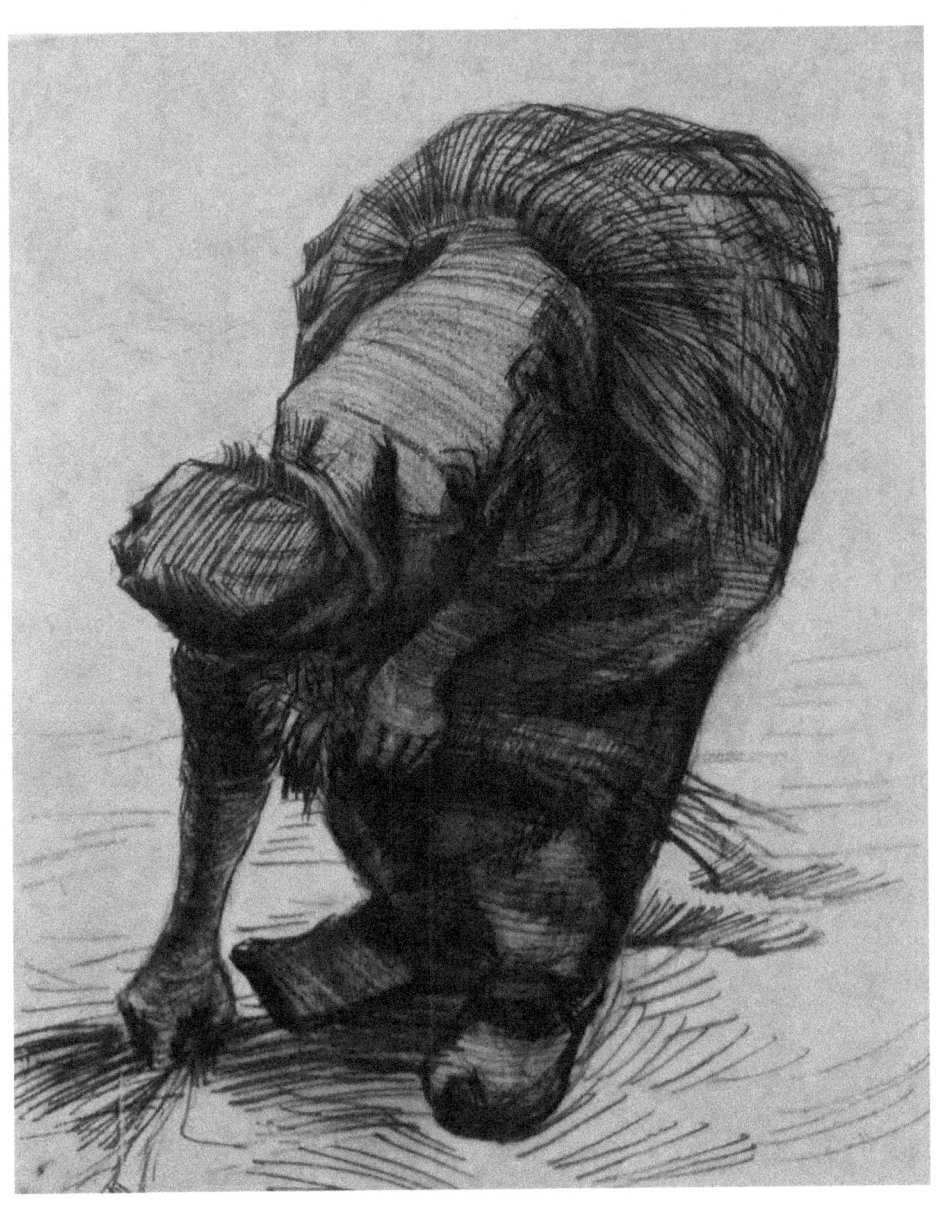

Contadina chinata a raccogliere, Nuenen, luglio 1885, Museum Folkwang, Essen, 41,5x51,5 F 1279 JH 836

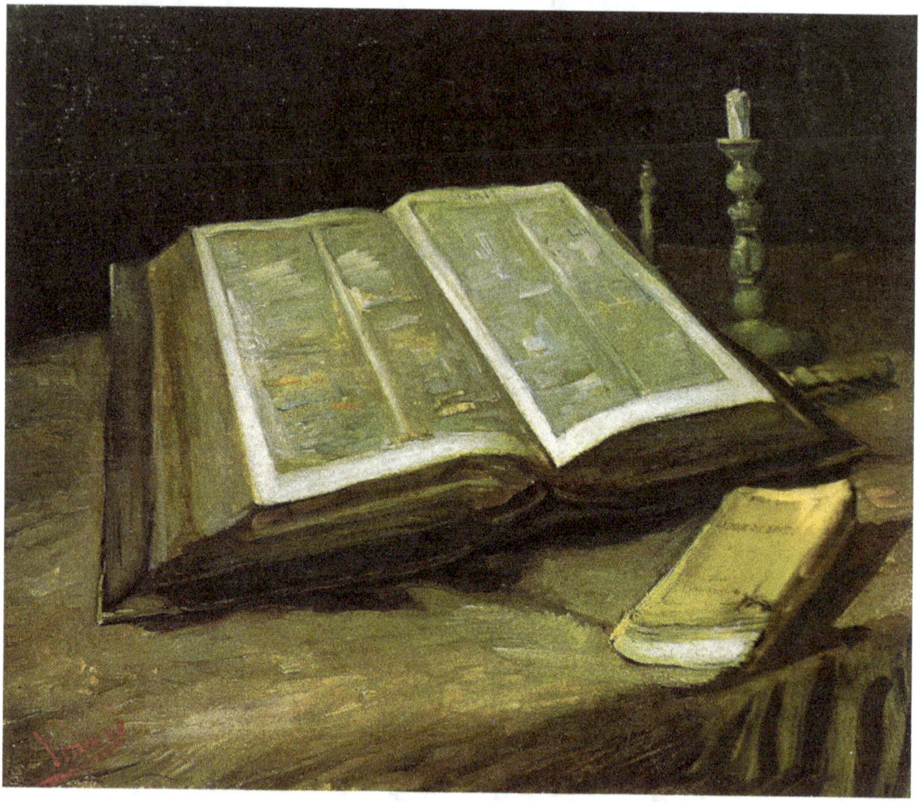

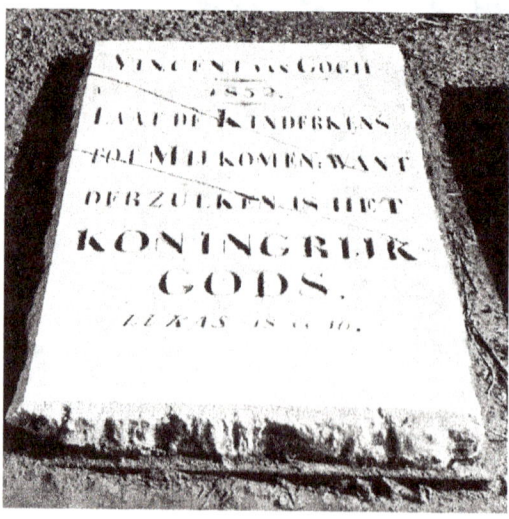

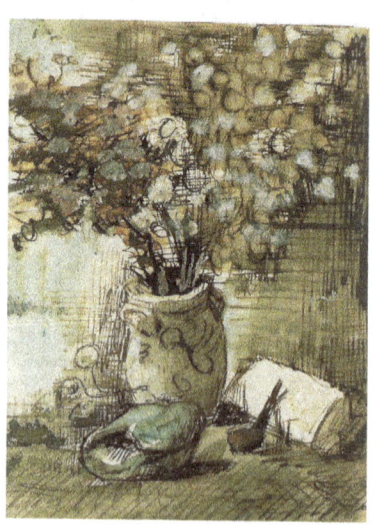

Natura morta con Bibbia,
Nuenen, ottobre 1885,
van Gogh Museum,
Amsterdam, 65x78 F 117 JH 946

Tomba del fratello nato
morto il 30 marzo 1852,
Cimitero di Zundert,
Tralbaut 1970

Fiori di lunaria in vaso con pipa,
Nuenen, schizzo nella lettera a
Theo del 5 aprile 1885, 13x21 c.
F 398 JH 1366

Ed ecco, arriva il quadro Natura morta con Bibbia del 1885. Guardatelo con attenzione e avrete un primo elemento chiave. Guardate quella Bibbia enorme, gigantesca, che esce dal fondo nero, il libretto giallo, il candelabro con il cero, ma soprattutto di nuovo «lei», la Bibbia. Sembra che salti fuori dal quadro, sembra che declami, sembra che voglia veramente parlare.

Questa sensazione, di diventare vivo dell'oggetto è una caratteristica che prende, credo, tutti coloro che vedono un van Gogh. Quella Bibbia travalica il suo essere oggetto, per diventare cosa viva, espressiva di una forza, di una esistenza che emana fuori da sé, fuori dal quadro e che diventa compartecipe della nostra stessa vita.

> Ciò che van Gogh vuole è una pittura vera fino all'assurdo, viva fino al parossismo, al delirio, alla morte. La materia pittorica acquista un'esperienza autonoma, esasperata, quasi insopportabile: il quadro non rappresenta, «è».

Il dipinto non è quindi una natura «morta». È il ritratto di un padre mai ritratto, ma la cui personalità sembra uscire dalla tela e impossessarsi dell'astante. È una natura morta che diventa però *veramente* viva. Questa è d'altronde la lotta che van Gogh ingaggia con gli oggetti, contro la natura inanimata per accenderla, renderla presente e psicologicamente vibrante.

Il quadro del 1885 è stato uno dei primi in cui il motivo di van Gogh emerge pienamente, ma si tratta, come molto spesso accade, di un motivo intimamente contraddittorio. Van Gogh ha il problema di come trasformare tutto in «essere»; come rivelare nel creato la forza drammatica e disperata della vita; come rendere non tutto "oggetto" (obiettivo verso cui tendeva, la contemporanea ricerca di Cézanne), ma al contrario come rendere tutto "soggetto", tutto persona.

Questo motivo apre una seconda questione. Gli oggetti, che noi dipingiamo, se diventati vivi, ci parlano contemporaneamente anche di noi che li creiamo: sono a nostra immagine e somiglianza e in essi noi stessi trasfiguriamo i presagi, le speranze, i sogni e le paure. La Natura morta con Bibbia, apre così un ulteriore e complesso strato psicologico. Van Gogh dipinge questo quadro come se il padre giacesse nella camera accanto, ma nel dipinto ritrae anche se stesso, identificandosi nel piccolo libretto giallo che ama. È la *Joie de vivre*, scandalosamente moderno testo di Émile Zola dal punto di vista del padre pastore, in cui la protagonista, anche se oppressa da mille disavventure, non vuole rinunciare alla propria vitalità. Il quadro rivela la tenacia irremovibile di Vincent che è un dato costante della sua personalità:

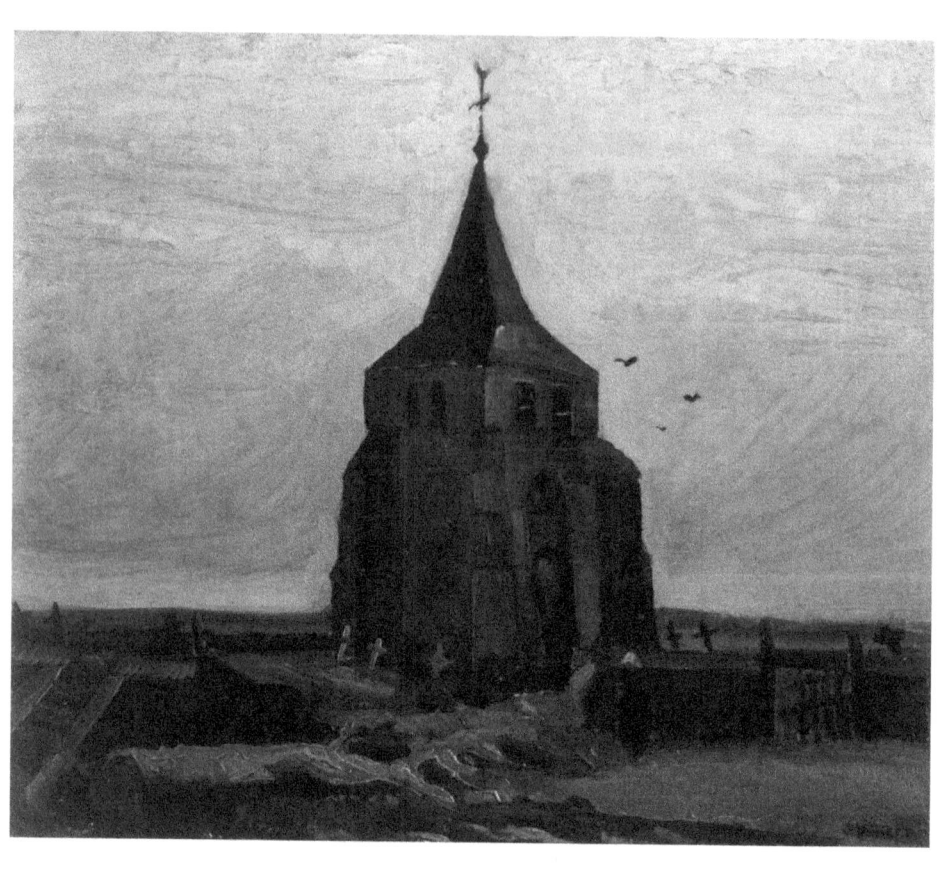

Torre del Cimitero, Nuenen, maggio 1884, Fondazione E. G. Bührle, Zurigo, 47,5x55 F 88 JH 490

anche di fronte alla Bibbia del padre morto, van Gogh contrappone se stesso e la propria visione del mondo.[6]

Naturalmente questa intensa ricerca di vita negli oggetti, ha strettamente a che vedere con il suo opposto: con la morte stessa che si intreccia con uno dei dati fondamentali del pittore, anche dal punto di vista biografico.

Vincents

Vincent Willem van Gogh era nato il 30 marzo 1853, primo di sei tra fratelli e sorelle, a Zundert, nella regione olandese del Brabante, al confine con il Belgio. In Olanda, il cimitero è collegato alla chiesa, che è collegata alla dimora del pastore e della sua famiglia. Un insieme unico: chiesa-giardino-cimitero-casa; casa-cimitero-chiesa; chiesa-giardino-casa... cimitero. A che età Vincent ha scoperto l'oggetto che lo segnerà tutta la vita? A sei anni.. appena ha cominciato a leggere? A sette... quando cercava i nidi o raccoglieva erbe o uccellini caduti?

Nel cimitero trovò una lapide. Vi era scritto «Vincent van Gogh, 1852» e un versetto della Bibbia. Dunque quella lapide che porta il mio nome, sono io? Ma sono morto o sono vivo? Chi è Vincent? Sono qui, o sono già sotto quel pezzo di marmo?

Scoprire la tomba del fratello nato e morto *esattamente un anno prima* della propria nascita, ha segnato di van Gogh l'esistenza. La presenza della morte nel suo caso è ben più che annunciata, ma è già come fosse, da sempre, già avvenuta. La lapide non è un semplice segno dell'aldilà, ma essa è anche viva, visto che io stesso, con quello stesso nome, sono, ora, vivo.[7] Ne deriva una disperata necessità; posso vivere solo se dò vita a quanto mi circonda.

A Nuenen, van Gogh ha dipinto almeno cinque oli, e molti disegni e schizzi, della TORRE DEL CIMITERO. Guardiamo il quadro conservato a Zurigo, dipinto nel 1884: le croci del cimitero, dove il padre è seppellito, in basso, un brumoso paesaggio desolatamente piatto, sullo sfondo e, in centro, la torre. Sola, lugubre presagio, ma di nuovo una sorte di morte viva, un addio che non spegne l'essere, una morte che parla.[8]

Regala la tela a Margot Begemann, che ha tentato il suicidio per lui, come fosse il proprio ritratto, e parte per Anversa. Piomba alla fine di febbraio del 1886 a Parigi.

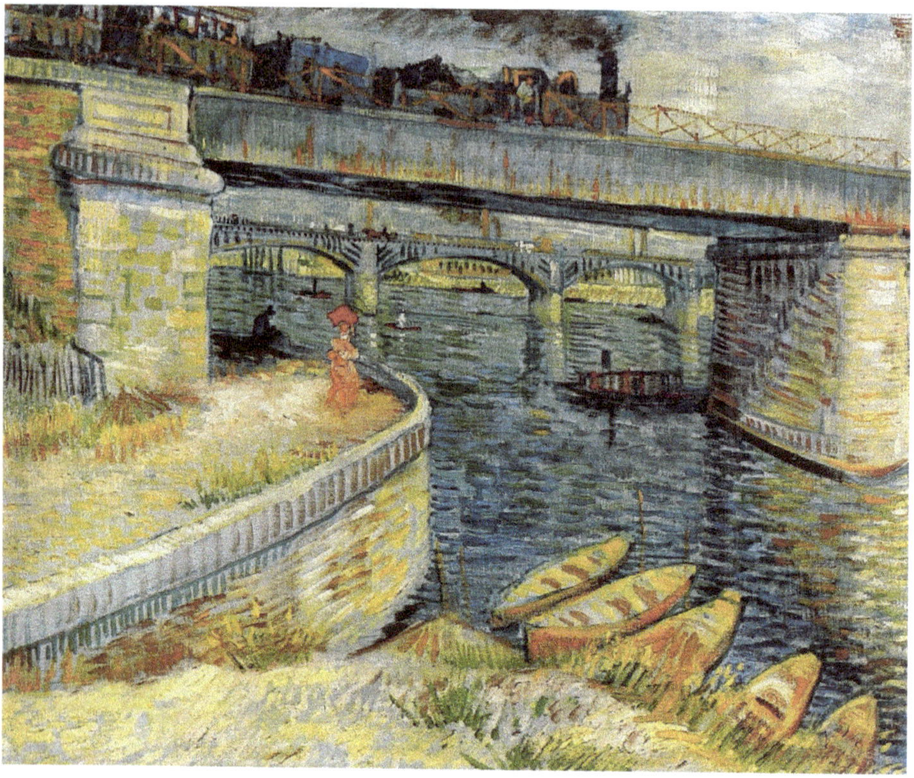

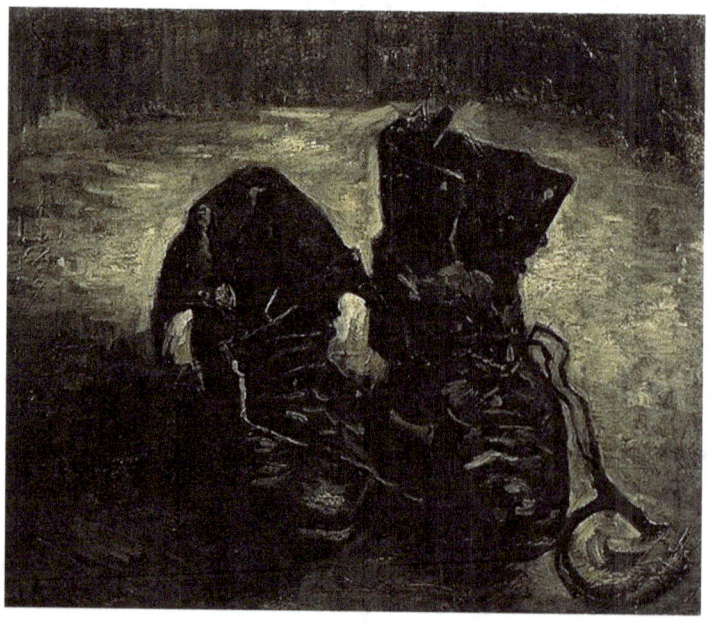

Le scarpe

Vincent, nei due anni trascorsi a Parigi, dipinge sei tele con le proprie scarpe. Sono grosse, chiodate e logorate. Ogni traccia, ogni ruga, ogni piega narra una storia perché le scarpe sono un condensato di memoria: scrutandone le rughe sarebbe possibile ricostruire le vicende della vita.

A volte va a dipingere con Émile Bernard, un giovanetto conosciuto in uno studio di pittura che per un poco anche lui ha frequentato. Bernard è giovanissimo, ma ha talento, visione, passione e vuole bene a Vincent che lo contraccambia. Altre volte va a lavorare con Paul Signac lungo il fiume, ad Asnières-sur-Seine. Spesso dipinge la nuova periferia di Parigi o di Asnières, i brani in cui la città che cresce aggredisce la campagna, dove pezzi di natura convivono con i nuovi palazzi, dove le ciminiere sono insieme ai campi di sterpi e i ponti portano il rumore del treno. Parte la mattina, con quelle scarpe che hanno preso il posto degli zoccoli olandesi, con un quadro enorme che poi divide in riquadri e torna la sera con tre, quattro, cinque, sei studi nella grande tela. Le scarpe sono lo strumento del peregrinare, il simbolo di sé come lavoratore-pittore e ancora una volta, forse, alludono al rapporto con il fratello. Spesso un laccio le collega, quasi a indicarne il legame.

Theo è occupato nella direzione della filiale di Boussod, Valadon & Co, un'affermata catena d'arte esito di una fusione con quella fondata dal ricchissimo zio "Cent". Vincent sviluppa un giro di amicizie con i pittori più giovani che per Theo rappresentano delle entrature verso un nuovo mercato. Paul Gauguin, Henri Toulouse Lautrec, Lucien Pissarro, Luis Anquetin, Charles Angrand, Arnold Koning, Armand Guillaumin, Paul Seurat, Bernard e Signac. Sono i pittori de «Le Petit boulevard» che cercano spazio in alternativa a quelli in via ormai di affermazione della prima generazione impressionista (Manet, Monet, Renoir, Degas, Sisley) che proprio Theo comincia a vendere bene nel mezzanino della sua galleria sul Grand boulevard di Montmartre. Vincent organizza anche piccole mostre nella vetrina di un commerciante di colori, il «perè» Julien Tanguy, comunardo e socialista, e anche in ristoranti e caffè. In particolare una mostra delle sua collezione di stampe giapponesi che sono di profonda ispirazione per van Gogh e i pittori del Piccolo Boulevard. Perché quel mondo colorato, quel mondo piatto e grafico, quel non usare la prospettiva, dimostra che è possibile una nuova via.

Ponte sulla Senna a Asnières, estate 1887, Fondazione E.G. Bührle, Zurigo, 52x65 F 301 JH 1327

Paio di scarpe, Parigi, dicembre 1886, van Gogh Museum, Amsterdam, 37,5x45,5 F 255 JH 1124

L'attesa

In questo clima è dipinto INTERNO DI UN RISTORANTE CON TAVOLE INFIORATE un'opera che non ha nelle letteratura su van Gogh ulteriori elementi chiarificatori, né sul luogo, né sulla situazione.[10] Titolato così sembra un ristorante e basta, ma se si osserva il quadro con attenzione si scoprono una serie di dettagli rivelatori.

Il dipinto è del 1887, la fase in cui Vincent è ormai efficacemente inserito nella scena artistica parigina. Alla parete si nota una riproduzione: forse è il manifesto della citata mostra di stampe giapponesi, oppure è l'annuncio di un nuova mostra. I tavoli non sono semplicemente apparecchiati per un normale pranzo, ma sono addobbati. In ognuno c'è un vaso di fiori la cui presenza contrasta con il carattere modesto delle seggiole di legno impagliate. Van Gogh ha dipinto diverse decine di quadri di fiori nel suo periodo parigino scegliendo attentamente cosa dipingere e a volte recandosi di persona dal fioraio. In questo interno, la cura dei vasi e la sontuosità e diversità dei mazzi fa pensare alla cura amorevole del pittore stesso nell'addobbo. Al centro della parete, inoltre, vi è un dipinto dal soggetto e dal colore impressionista, forse dello stesso van Gogh e che dovrebbe far parte della serie di Asnières.

Se si guarda in alto nell'angolo, inoltre, si vede un cilindro appeso, dettaglio senz'altro decisivo. Il cappello sembra indicare un momento di sospensione e di attesa. È con ogni probabilità il cilindro dell'autorevole critico Félix Fénéon che fu ritratto a discutere con Vincent in un vivace disegno di Lucien Pissarro? Insomma - ecco la tesi - il ristorante è in attesa di accogliere i convenuti che probabilmente sono lì per celebrare, insieme a una personalità influente, la vernice di una mostra,

Ora nel novembre 1887 van Gogh ha effettivamente organizzato una mostra dei pittori suoi amici del Piccolo boulevard che hanno esposto a Montmartre nel popolare Grand Bouillon-Restaurant du Chalet al 43 Avenue de Clichy. Il ristorante era molto grande e gli avventori mangiavano in lunghi tavoloni come è raffigurato in un altro quadro di Vincent. Certo le sedie sono uguali nei due dipinti, ma o questa è una sala riservata del grande ristorante parigino oppure l'interno dovrebbe raffigurare invece quello del ristorante Rispal ad Asnières. In ogni caso se l'addobbo indica l'attesa di una celebrazione, il quadro dovrebbe avere come datazione il novembre 1887, quando appunto fu organizzata la mostra.[11]

Infine la pittura, che è l'aspetto più importante. Qui van Gogh non ha dubbi: si presenta come un pittore della nuova avanguardia artistica del *Pointillisme*: conosce le teorie cromatiche che ne sono alla base e le esalta nell'uso dei colori complementari.

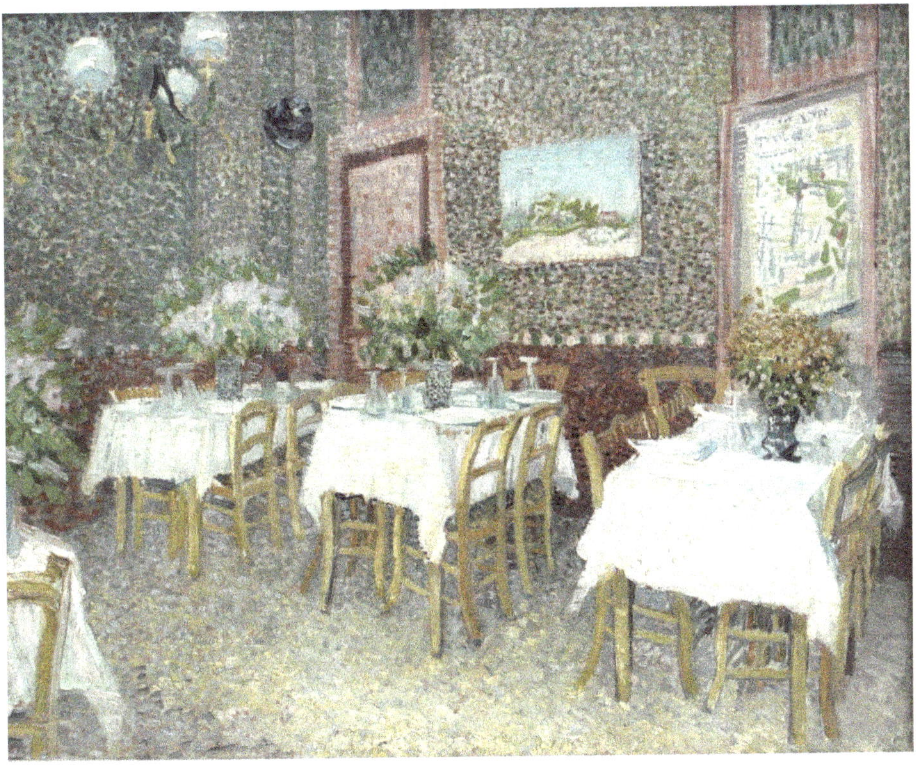

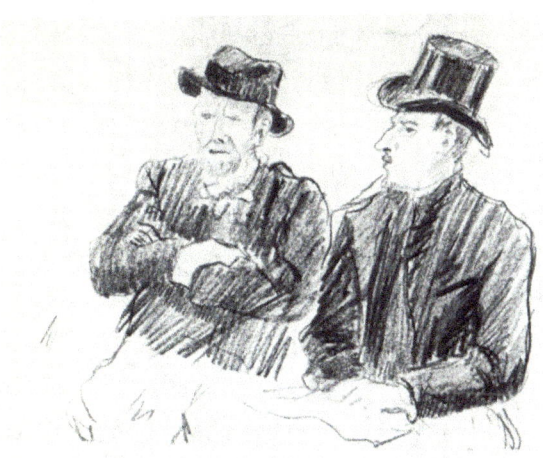

Interno di un ristorante con tavole infiorate, «L'attesa», Parigi, c. novembre 1887, Kröller Müller Museum, Otterlo, 45,5x56,5 F 342 JH 1256

Vincent a colloquio con il critico d'arte Félix Fénéon, Disegno di Lucien Pissarro, Parigi, 1887 c. in Tralbaut 1969 p. 212

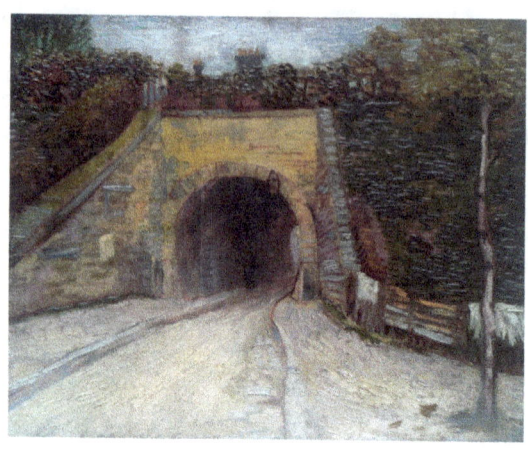

Il tunnel

Ma il biennio della sua permanenza a Parigi volge al termine in maniera sempre più cupa. A cominciare dall'estate del 1887 sino alla partenza per il Sud nel febbraio del 1888, Vincent si descrive come semi alcolizzato, burbero, triste e irascibile.[12]

IL SOTTOPASSAGGIO fotografa questa situazione. Innanzitutto il soggetto è, emblematicamente, un tunnel. Il pittore è certamente interessato, come in altre opere, all'arrivo nelle periferia della città del mondo industriale, ma insieme a questo tema emerge in tutta evidenza dal dipinto un carattere ancora più forte. Il tunnel è legato nella sua biografia alla condivisione dell'esistenza dei minatori in Borinage. Vincent sa che cosa vuol dire essere «fisicamente» in un tunnel, e non solo psicologicamente.

Nel quadro inoltre vi è una figura emblematica: una donna, vestita di nero, che il pittore colloca addirittura nella parte centrale e più cupa del sottopassaggio. Sono questi i mesi della rottura con la sua compagna Agostina Segatori. Di una dozzina d'anni più anziana, italiana di origine, Agostina era stata una bella modella di importanti pittori e aveva rilevato il bar di Montmartre con i tavoli a forma di tamburino dove nel febbraio van Gogh aveva organizzato la citata mostra della sua collezione di stampe. Vincent dipinse Agostina almeno tre volte, di cui una volta nuda.[13]

La relazione con la Segatori, che forse ha un aborto di un figlio suo, è finita; Agostina, è metaforicamente nel tunnel. Sta male e il pittore si lascia andare all'alcool. Eppure, in questo quadro cupo, si intravede un altro mondo, un'altra possibilità. Il sottopassaggio sbuca su un piccolo arco di luce e, dall'altra parte del viadotto, emergono i comignoli dei palazzi. Prospetticamente è una forzatura, che segnala però che una possibilità, «al di là», esiste. Scrive a Theo:

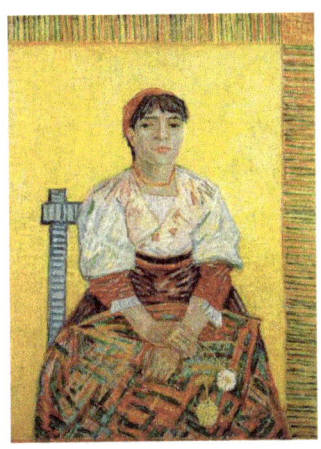

(...) quanto a me mi sta passando la voglia di matrimonio e di bambini, e in certi momenti mi sento già abbastanza malinconico di essere come sono a trentacinque anni quando invece mi dovrei sentire ben diversamente... Qualche volta ne faccio una colpa a questo accidenti di pittura- È Richepin che ha scritto in qualche posto: "l'amore per l'arte fa perdere il vero amore."

(...) E poi voglio ritirarmi in qualche posto nel Sud, per non dover vedere tanti pittori che, come uomini, mi disgustano. Puoi essere sicuro di una cosa, e cioè che non cercherò più di lavorare per il Tambourin _ credo che esso passerà in altre mani, e non sarò certo io a oppormi. Per ciò che si riferisce alla Segatori è tutt'altra faccenda, io le voglio ancora bene e spero che anche lei ancora a me.
Ma attualmente essa è mal sistemata, non è né libera né padrona in casa sua, è sofferente e malata. Anche se eviterò di dirlo in pubblico, sono convinto che ella abbia abortito (a meno che non si trattasse di una falsa gravidanza). Comunque sia, nel suo caso non la posso biasimare. Spero che tra due mesi si sarà rimessa e allora potrà essermi riconoscente per il fatto che non le ho creato imbarazzi[14]

Insomma Parigi stanca e logora. La relazione con Agostina si spegne, tutti i quadri di fiori che le regalava e che servivano a decorare il caffè sono venduti in blocco all'asta nel fallimento del Tambourin, anche molti amici se ne vanno e Vincent, forse consigliato da Toulouse Lautrec, parte. Il sud lo aspetta.[15] Un sud magico, incredibile e nuovissimo per un nordico come Vincent.

Il sottopassaggio, Parigi, c. luglio 1887, Guggenheim Museum, New York, 31.5x40,5 F 239 JH 1267

L'italiana, Parigi, 1887, Museo d'Orsay, Parigi, 81x60 F 381 JH 1355

Souvenir de Mauve

Dal tunnel in cui è caduto a Parigi, van Gogh compie un salto prodigioso verso la luce. Arriva a Arles, in Provenza, nel febbraio, ma c'è incredibilmente la neve. A poco a poco però le giornate si allungano, la neve si scioglie e sbocciano uno dopo l'altra i fiori degli alberi da frutta Che spettacolo! Vincent non ha parole. Ha sempre guardato con occhio da naturalista ai fenomeni della terra, da bambino collezionava insetti e la natura ha una presenza magica per lui. Il risveglio degli alberi nella luce cristallina della primavera mediterranea, sconosciuta sino a quel momento, gli fa produrre una serie di tele che è straordinaria per quantità, qualità, gaiezza. Sembra incredibile dopo il buio parigino, ma il risveglio c'è ed è su tutta la linea dell'essere, come vedremo. In questo prodigioso momento crea un quadro sublime. Non è un frutteto tutto intero, ma sono due alberi intrecciati. Di cui uno è in primo piano e uno appena dietro che si avvolge al primo. Questa coppia di alberi, dipinti dal pittore che si identificava nella torre solitaria del cimitero, sono il suo nuovo specchio.

Il dipinto ha una fioritura di colore e di luce impossibile da scordare e su cui, per chiunque l'abbia visto, tornerà il ricordo quando incontrerà un albero in fiore. I bianchi sono smaglianti, i rossi tenui, i verdi e gli azzurri dei tronchi stanno sotto il cielo azzurro e si riverberano nel suolo colorandolo con le ombre di colori felici.

A Vincent arriva una lettera che comunica la morte di Anton Mauve, e sotto questo capolavoro scrive *Souvenir de Mauve* e chiede a Theo di farlo recapitare alla vedova. Che dedica, che coraggio, che meraviglia. Mauve era un pittore, sensibile e affermato e allo stesso tempo fermo a decadi indietro. Quando Vincent decise di imparare la pittura a olio, Mauve gli dette lezioni all'Aia e gli regalò la prima cassetta dei colori. Ma Vincent cominciò anche a usare come modella Sien, la donna derelitta, l'infelice, la diseredata da Dio e dagli uomini. Dopo alcuni mesi decise di ospitare la donna, la figlia e il piccolo che stava per nascere nel suo alloggio. Lo scandalo nella famiglia fu enorme. Il padre si adombra, lo zio ammiraglio si infuria, lo zio Cent, il ricco mercante d'arte, lo diseredà e Mauve gli dà un aut-aut: o lui o Sien. Vincent sceglie Sien. È dalla parte del dolore, è della parte dell'infelicità, è con chi soffre. Ma Mauve ora è morto, lui è a Arles felice come mai lo era stato e scrive questa dedica. La morte smorza gli attriti e fa emergere i ricordi belli: «*Souvenir de Mauve*».

«*Souvenir de Mauve*», Arles, fine marzo 1888, Kröller Müller Museum, Otterlo, 73x59,5 F 394 JH 1379

Peschi in fiore, Arles, aprile 1888, van Gogh Museum, Amsterdam, 40,5x30,5 F 1469 JH 1384

Frutteto, Arles, aprile 1888, Kröller Müller Museum, Otterlo, 65x81 F 513 JH 1389

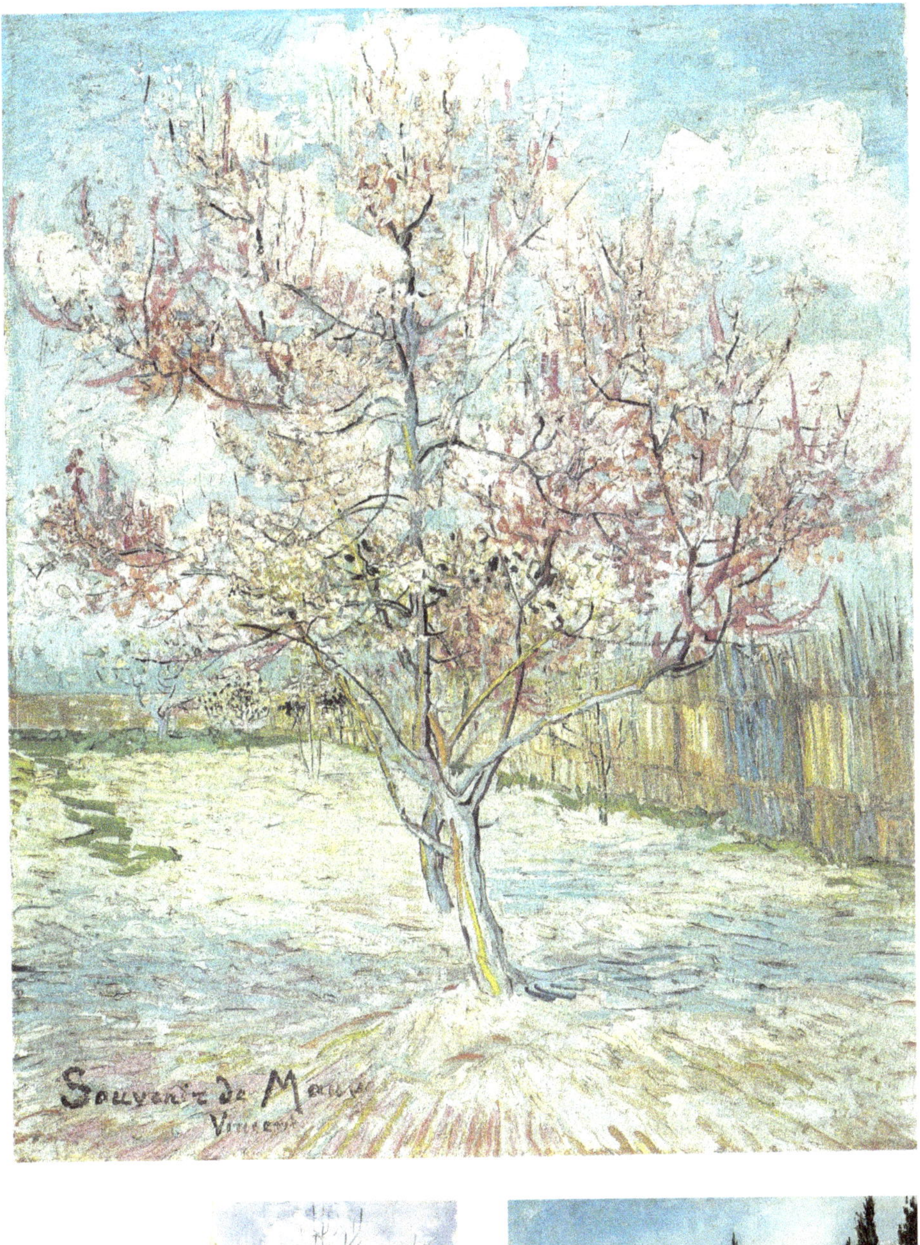

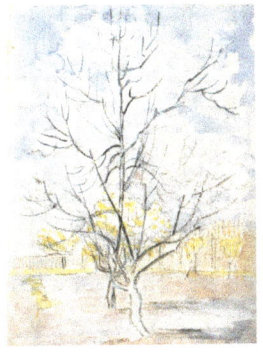
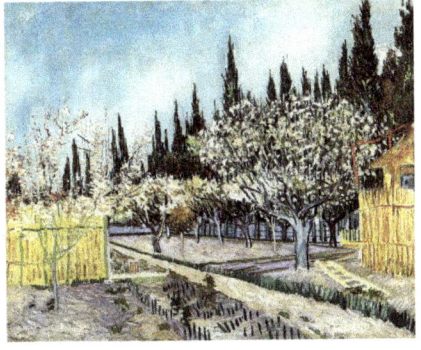

Saltiamo ora a un momento di esaltazione. Siamo ormai a due anni di distanza dalle scarpe parigine (solo due anni, ma appare un secolo) e van Gogh è riuscito in una impresa importante. Ha affittato una casa a Arles e la piccola casa gialla, come la chiama, sembra un sogno che si materializza. Ci vuole creare una comunità d'artisti che possano vivere insieme e allo stesso tempo vendere le opere in una società cooperativa. L'idea era stata studiata nei dettagli e ripetutamente descritta a Theo e aveva nella scuola di Barbizon dei paesaggisti francesi di metà Ottocento e nel gruppo di pittori e amici che contemporaneamente vivevano in Bretagna, alcuni riferimenti. Per iniziare il progetto è riuscito a far stipulare un accordo commerciale tra il recalcitrante Paul Gauguin e Theo. Vincent è in fervida attesa di Gauguin che deve assumere il ruolo di maestro dell'*Atelier du Midi* e decide di «decorare», come dice lui stesso, la casa con una serie di quadri grandi di girasoli: ne dipinge quattro tra il mese di agosto e quello di settembre del 1888.

Ebbene, avete mai visto un quadro dei suoi girasoli, soprattutto il più forte e bello che è quello della National Gallery di Londra (vale il viaggio da solo, anche se non avete più 17 anni). Ebbene se avete visto GIRASOLI sapete di cosa parlo. I fiori sono vivi, sono forti, sono belli, sono pieni di energia, sprizzano forza. Sono essi stessi felici, sono letteralmente esseri di un coro di accoglienza e di omaggio.

La forma abbacinante del colore agisce per contrasto, sì, ma tono su tono. Uno, due, cinque, mille gialli a cominciare dallo sfondo di un indicibile cromo limone, ai petali di giallo dorato, ai bulbi ocra e picchiettati in rilievo. E poi la forza delle forme e la singolarità delle parti: foglie, petali, steli, semi e contro semi indagati con occhio da naturalista e, allo stesso tempo, l'assenza, tutta giapponese, di tridimensionalità prospettica. Come se questa vivezza fosse quella che emana una vetrata di una cattedrale e i girasoli siano, anzi sono, santi e martiri risorti.

Insomma van Gogh qui ci ricorda alcune componenti assolute dell'arte. Il rischio della visione estetica, l'associazione inaspettata e imprevedibile che si scopre nel sogno quando le cose si incollano liberamente, per una via impensabile in partenza e che rende l'atto creativo soluzione di un problema che prima non poteva neanche essere nominato. I girasoli diventano esseri che vibrano annunciando un arrivo e, come l'arte più antica e primitiva, contengono in sé l'auspicio magico dell'evento benigno. Naturalmente, come abbiamo anticipato, vi è un altro livello. Gli oggetti sono specchi di noi stessi e la camera che Vincent dipinge nel medesimo clima di

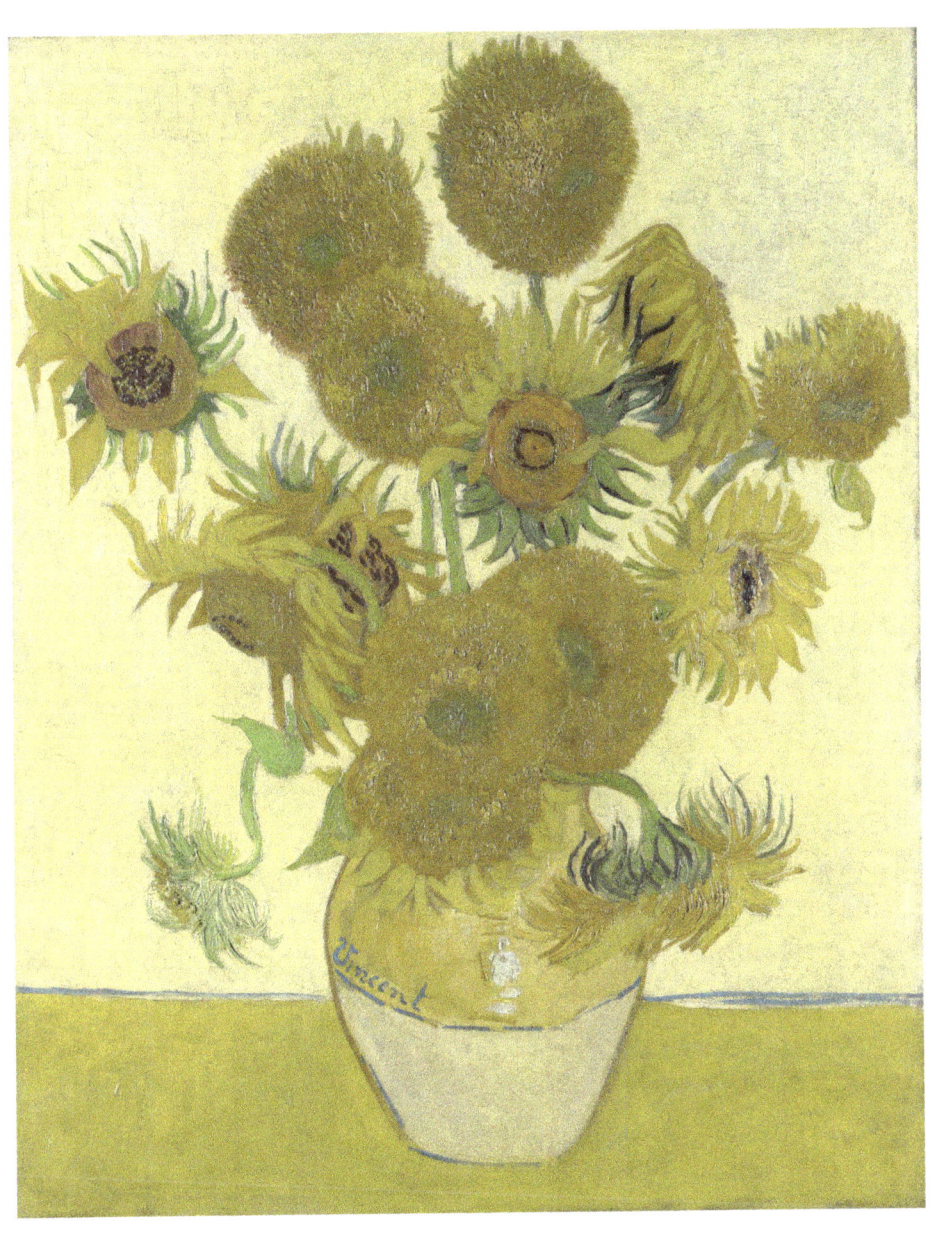

Girasoli, Arles, c. 20 agosto 1888, National Gallery, Londra, 73x93 F 454 JH 1562

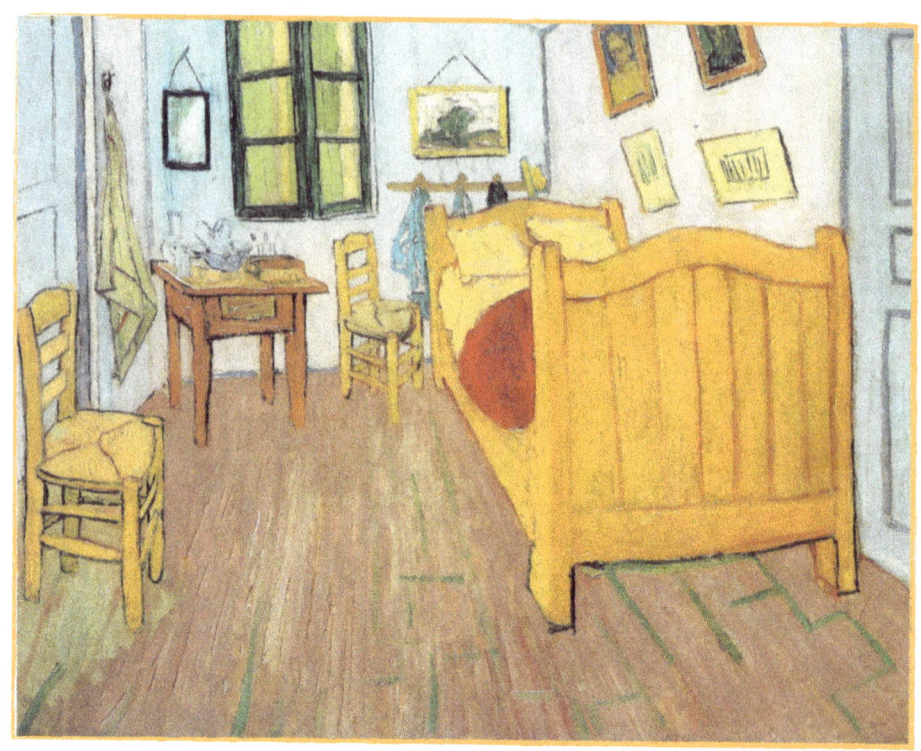

attesa dei girasoli diventa l'emblema di questa personificazione. La stanza è un autoritratto, gli oggetti «sono» il pittore. Il letto di legno massiccio, la coperta, la brocca, lo specchio, l'asciugamano, i ritratti degli amici alle pareti e le sedie creano una comunità festante. Gli oggetti, vivono e allo stesso tempo infondono vita in una circolarità esaltante ed esaltata.[16]

Del dipinto della camera sottolinea lo sforzo di comunicare un ambiente rassicurante, ma essa nasconde molto di più.

Come ti ho già detto il mio letto lo dipingerò, e ci saranno tre soggetti. Forse una donna nuda, non ho ancora stabilito, forse una culla con un bambino.[17]

Durante l'estate aveva ripetutamente dipinto lo spazio del giardino pubblico, con quadri che spesso raffigurano innamorati e con titolazioni che hanno a che vedere con l'amore. Questo tema è ricorrente anche nelle lettere del periodo:

Camera di Vincent, Arles, c. 17 ottobre 1888, van Gogh Museum, Amsterdam, 70x92 F 482 JH 1608

> *Un tessitore, un cestinaio, passano spesso delle intere stagioni interamente soli o quasi con il loro mestiere come unica distrazione.*
> *Ma ciò che fa si che quella gente resti ferma sul posto, è il senso della casa, l'aspetto rassicurante e famigliare delle cose; certo che mi piacerebbe la compagnia, ma se non ne ho non sarò per questo infelice e poi soprattutto verrà il momento in cui avrò qualcuno. Non ho alcun dubbio. (...) Ora comincio a vedere meglio la bellezza delle donne di qui (...). Credo che la città di Arles sia stata in altri tempi molto più gloriosa per la bellezza delle donne che non per quella dei costumi.*
> *Milliet ha avuto fortuna, ha arlesiane quante ne vuole, ma ecco che non riesce a dipingerle, e se fosse pittore, non ne avrebbe. Bisogna che io aspetti la mia ora senza forzare nulla.*[18] *(...)*

Nella camera tutto è doppio: due cuscini, due dipinti, due disegni e due sedie: «verrà il momento in cui avrò qualcuno»... «bisogna che io aspetti la mia ora senza forzare nulla» e soprattutto ...

> *In questo momento ho per il lavoro una lucidità o un'accecamento da innamorato.*[19]

Insomma troppi elementi convergono attorno a questa stanza di nuovo promessa e attesa, con la differenza rispetto ad altri quadri in cui van Gogh gioca sul tema dell'attesa, che qui si tratta di uno dei capolavori di tutta la storia della pittura.

Due mesi più tardi van Gogh dipinge ancora due quadri, che sono in realtà due ritratti sotto sembianze di sedia, ma ormai la situazione è radicalmente mutata.

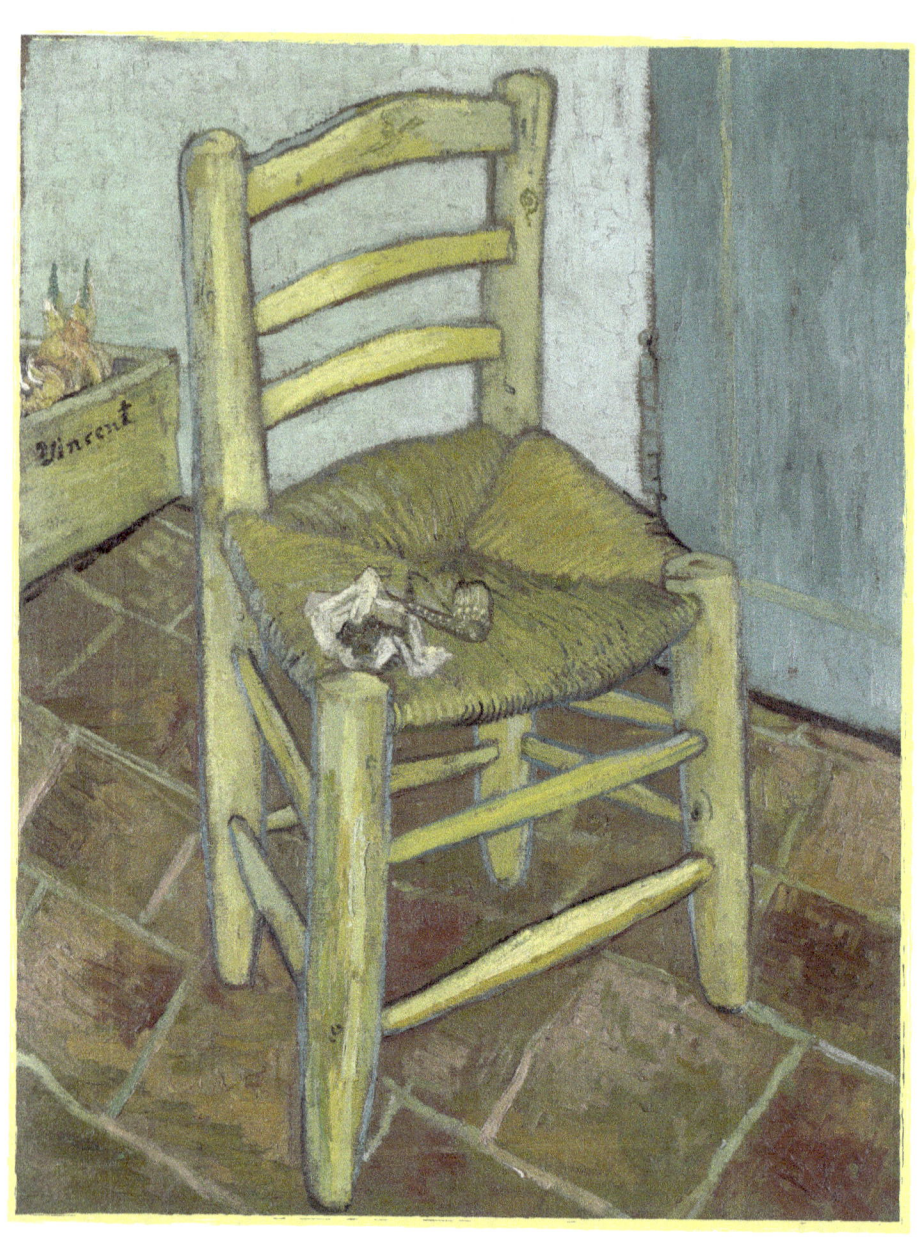

La sedia di Vincent, Arles, c. 15 novembre 1888, National Gallery, Londra, 73x93,5
F 498 JH 1635

Paul e Vincent soli

Van Gogh ha dipinto più di trenta autoritratti che cadenzano la propria auto percezione in un complesso intreccio tra il proprio io, l'essere nel mondo, le tensioni interne ed esterne. Ci sono quelli scuri e meditabondi del periodo di Anversa, i ritratti borghesi con cappello, giacca e cravatta di Parigi e quelli al lavoro, con il cappello di paglia e la pipa o con il cavalletto sulle spalle, o ancora quello da Bonzo giapponese o gli ultimi, contraddistinti da un tormentato avvolgersi dentro di sé, in cui anche il mondo, girando, fa perdere ogni riferimento attendibile.

Ma di tutti, forse, è LA SEDIA DI VINCENT, l'autoritratto più struggente. La sedia è sola, disperatamente sola; sta in uno spazio irreale con una prospettiva in cui il pavimento pare innalzarsi. In una cassetta ci sono delle cipolle o forse sono dei girasoli memoria di un'altra stagione e ora abbandonati a sé stessi. Il colore è vivido, di un giallo cromo limone che emana una atmosfera tesa. Altri oggetti evocano il pittore, come la carta del tabacco e la pipa sull'impagliato. Una solitudine estrema si propaga. La sedia salta fuori dal quadro, quasi quanto i girasoli di due mesi prima. Ma salta per urlare, salta per una pressione accumulata dentro. È la tensione accumulata nei mesi passati con Gauguin a Arles. Sono nove settimane affascinanti e dure, di speranze e cocentissime delusioni. Van Gogh accoglie l'amico, nella casa preparata come avamposto della colonia di artisti da ospitare al Sud. Van Gogh ama Monticelli (che crea una pittura densa, materica e dai colori accesi), ama Millet, ama o meglio può capire Courbet. Gauguin ammira invece Raffaello e Ingres... Ingres? Ma come si fa, pensa Vincent. Quanto c'è di più lontano da Millet, da Monticelli, da Delacroix.

La ragione della differenza è in realtà chiara; Gauguin persegue l'avvento del libero arbitrio in pittura, arbitrio che è, prima di tutto, piena affermazione dei valori decorativi, non referenziali della rappresentazione. Forse il quadro più importante che Gauguin ha dipinto, appena prima di partire per Arles, è VISIONE DEL SERMONE che rappresenta delle contadine che ascoltano un prete in un surreale paesaggio bretone. Le contadine, il prete, la lotta tra Giacobbe e l'angelo evocati dal sermone convivono tutti insieme in una scena in cui sogno e realtà sono mescolati. Non è la vicenda biblica, né la vita reale che vale, ma quello che conta è la libera ricerca di forme e accostamenti cromatici. Semmai questa arbitrarietà può rimandare al mito e alla magia, in una strada che diventerà progressivamente licenziosa e che, in ogni caso è diversa da quella di van Gogh. Per Gauguin gli oggetti sono sagome sterilizzate, depauperate della loro realtà per poter essere effigie decorative e, per questa via, simboli.

Due mondi opposti, amori opposti, indoli opposte si scontrano progressivamente tra l'ottobre e il dicembre del 1888. Gauguin ritrae VAN GOGH CHE DIPINGE I GIRASOLI. Il ritratto - ne tratteremo diffusamente oltre - è una distillazione onirica, in cui mostruosa si rivela la megalomania di Gauguin (cfr. Druick 2001 pp. 234-238). Gauguin è artista forte e originale, e indispensabile alla storia, ma il suo cinismo delle persone e delle cose non può non scontrarsi con la disperazione dell'essere di van Gogh. E van Gogh dipinge LA POLTRONA DI GAUGUIN. Anche qui solitudine e una presenza irreale nello spazio. Violentissime pennellate viola segnano la poltrona. Due libri e una candela parlano dell'occupante in sua assenza.[20] Il dramma, come vedremo, è dietro l'angolo.

Il giardiniere

Nell'inverno del 1885 durante il suo breve soggiorno ad Anversa, per spiegare a Theo che i modelli sono la strada più rapida per progredire, van Gogh scrisse:

> *Preferisco però dipingere occhi umani che cattedrali perché negli occhi c'è qualcosa che nelle cattedrali non c'è, per quanto solenne e imponente possa essere, lo spirito umano, sia pure di un povero mendicante o di una passeggiatrice, mi interessa di più.*[21]

Ma la frase, come abbiamo capito, può anche essere letta al contrario: se non posso sempre dipingere persone, dipingo comunque nelle cose l'anima. Un tema che abbiamo già incontrato e che aveva esplicitato in questo passo scritto proprio nel suo primo anno di lavoro come pittore:

> *Sempre più sento che il disegno di figura è un'ottima cosa, che indirettamente, agisce favorevolmente sul disegno di paesaggio. Se si disegna un salice come se fosse un essere vivente (e in definitiva lo è veramente) tutto il resto segue con facilità. Basta concentrare ogni attenzione su quell'unico albero finché si è riusciti a infondergli vita.*[22]

La chiesa di Auvers, Auvers-sur-Oise, c. 1 giugno 1890, Museo d'Orsay, Parigi, 74x94 F 789 JH 2006

Tronchi di albero e radici, Auvers-sur-Oise, c. 25 luglio 1890, van Gogh Museum, Amsterdam, 50,5x100,5 F 816 JH 2113

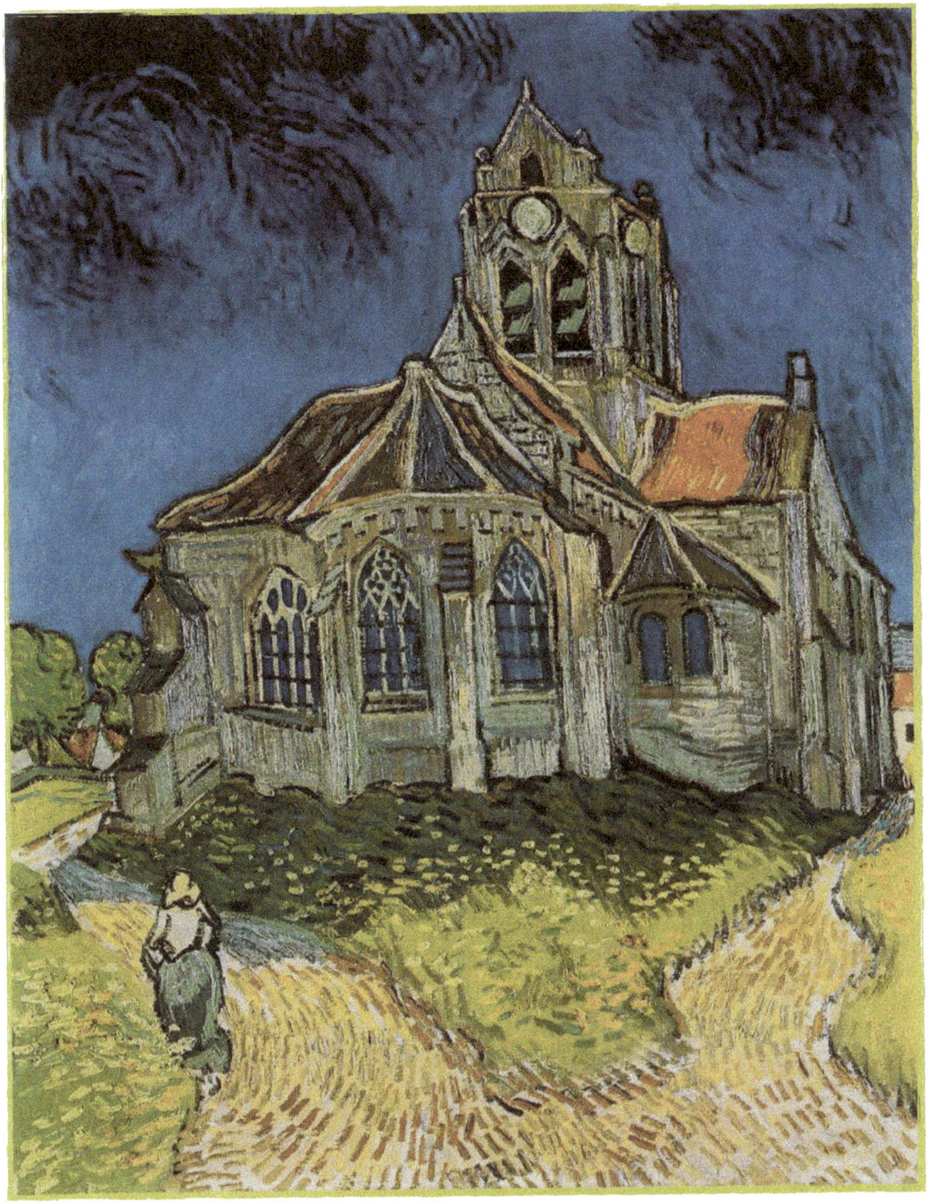

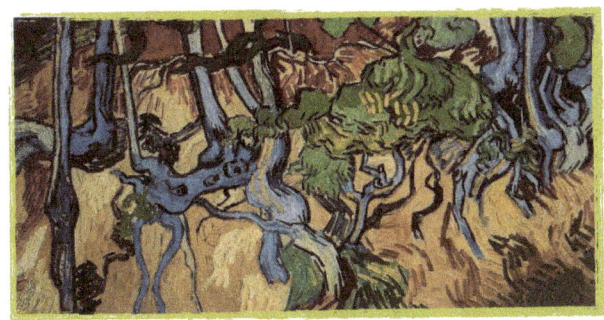

Ora uno degli ultimi dipinti di van Gogh a poche settimane dal suicidio è LA CHIESA DI AUVERS-SU-OISE, una piccola costruzione gotica che qui appare una cattedrale. Al solito, l'oggetto è talmente forte, talmente espressivo, talmente incombente da risultare vivo. Allo stesso tempo il quadro presenta un bivio: a sinistra una donna di spalle che se ne va e a destra la strada verso il cimitero che aspetta. La morte, e con essa il ritorno alla orizzontalità della terra, è evocata in una dozzina di quadri tutti dell'ultimo mese di vita. RADICI DEGLI ALBERI, fa parte di questa serie orizzontale, ed è forse l'ultimo suo dipinto.[23] Qui l'impersonificazione è massima e il presagio straziante.

Van Gogh dopo il crollo del Natale del 1888 e la crisi dell'orecchio tagliato è trovato quasi senza vita e semi-dissanguato nel suo letto dalla polizia. Viene portato in ospedale, curato per la ferita e dimesso il 26. Ma il giorno dopo ha la prima crisi della sua malattia.[24] Lo stress, la fatica, l'abuso di alcool e tabacco insieme al fallimento del progetto dell'Atelier del Sud hanno grandemente contribuito alla sua nevrosi. Il 7 gennaio viene dimesso e ricomincia a dipingere.[25] Il 4 febbraio, dopo una visita importante, una nuova crisi e la seconda tragedia. Il pittore olandese ormai è deriso, sbeffeggiato, preso a sassate dai ragazzini quando esce. Ormai è ufficialmente un diverso. La casa gialla da luogo di speranza diventa un fortino asserragliato. Tirano sassi, rompono vetri. Certo reagisce. Risultato: i cittadini scrivono una petizione: l'olandese deve essere isolato, è un pazzo pericoloso. E Vincent, da sano, è legato e internato in cella il 25 febbraio. A maggio del 1889 dopo quattordici mesi di soggiorno a Arles che hanno inciso nella storia della pittura, si fa ricoverare di sua spontanea volontà nella Casa di cura Saint-Paul- de-Mausole a Saint-Rémy, a 25 chilometri da Arles. E lì alterna periodi di crisi orribili a periodi di lucidità estrema, di quasi insuperabile lucidità espressiva. E forse, forse un esile filo di speranza, ogni volta rinasce.

Nel settembre del 1889, nasce RITRATTO DI UOMO, IL GIARDINIERE, che per fortuna è a Roma. Il giardiniere, (che forse è anche la persona che lo accompagna quando può uscire dalla Casa di cura per andare a dipingere nei dintorni), vive della natura e nella natura e lui stesso emana una forza vitale, un indimenticabile energia. Ha questo sorriso velato, ma presente, che dal viso si muove ai vestiti, dai vestiti allo sfondo, dallo sfondo al cappello e di nuovo agli occhi in un vortice.

Se nelle cattedrali ci sono gli occhi e l'anima delle persone, nelle persone c'è insieme tutto il creato.

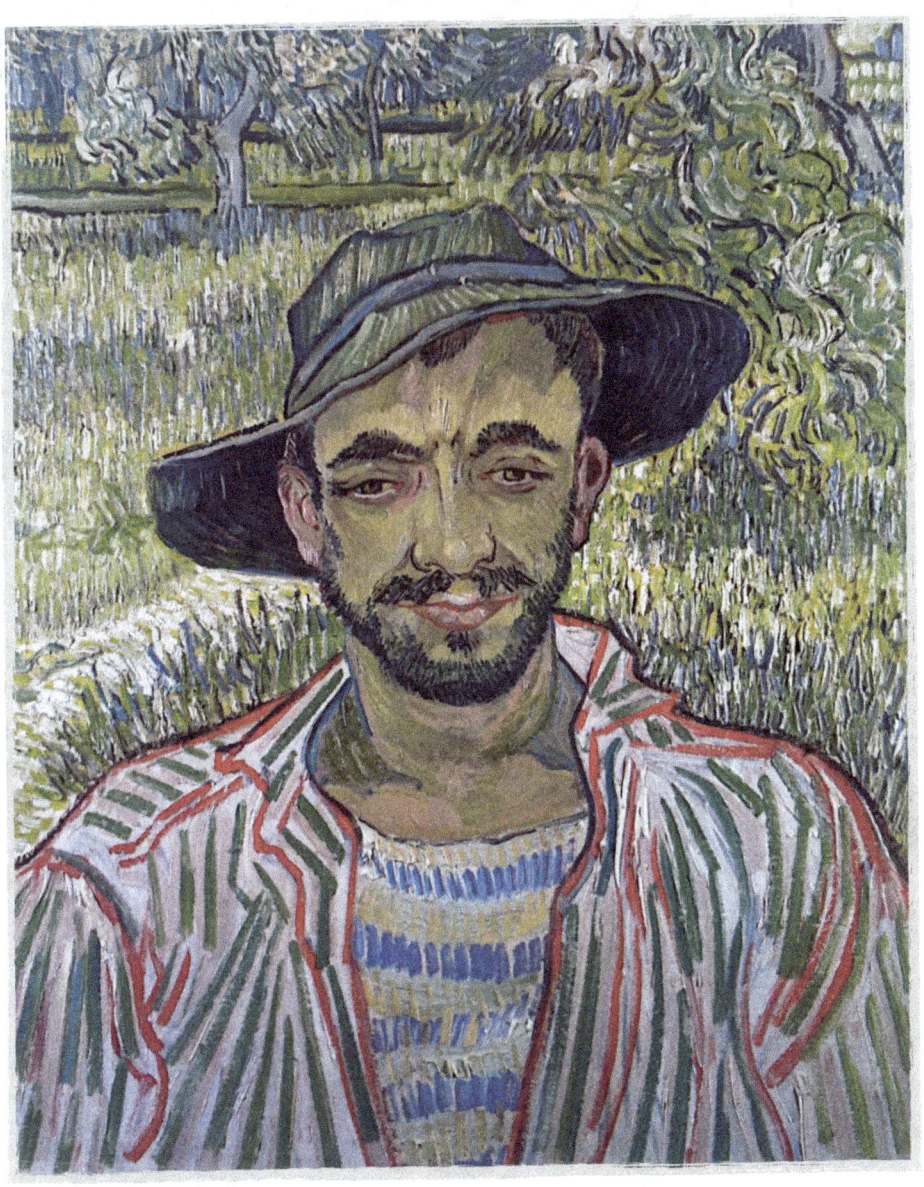

Ritratto di uomo ,«Il Giardiniere», Saint-Rémy-de-Provence, settembre 1889, Galleria Nazionale d'Arte Moderna, Roma, 61x50 F 531 JH 1779

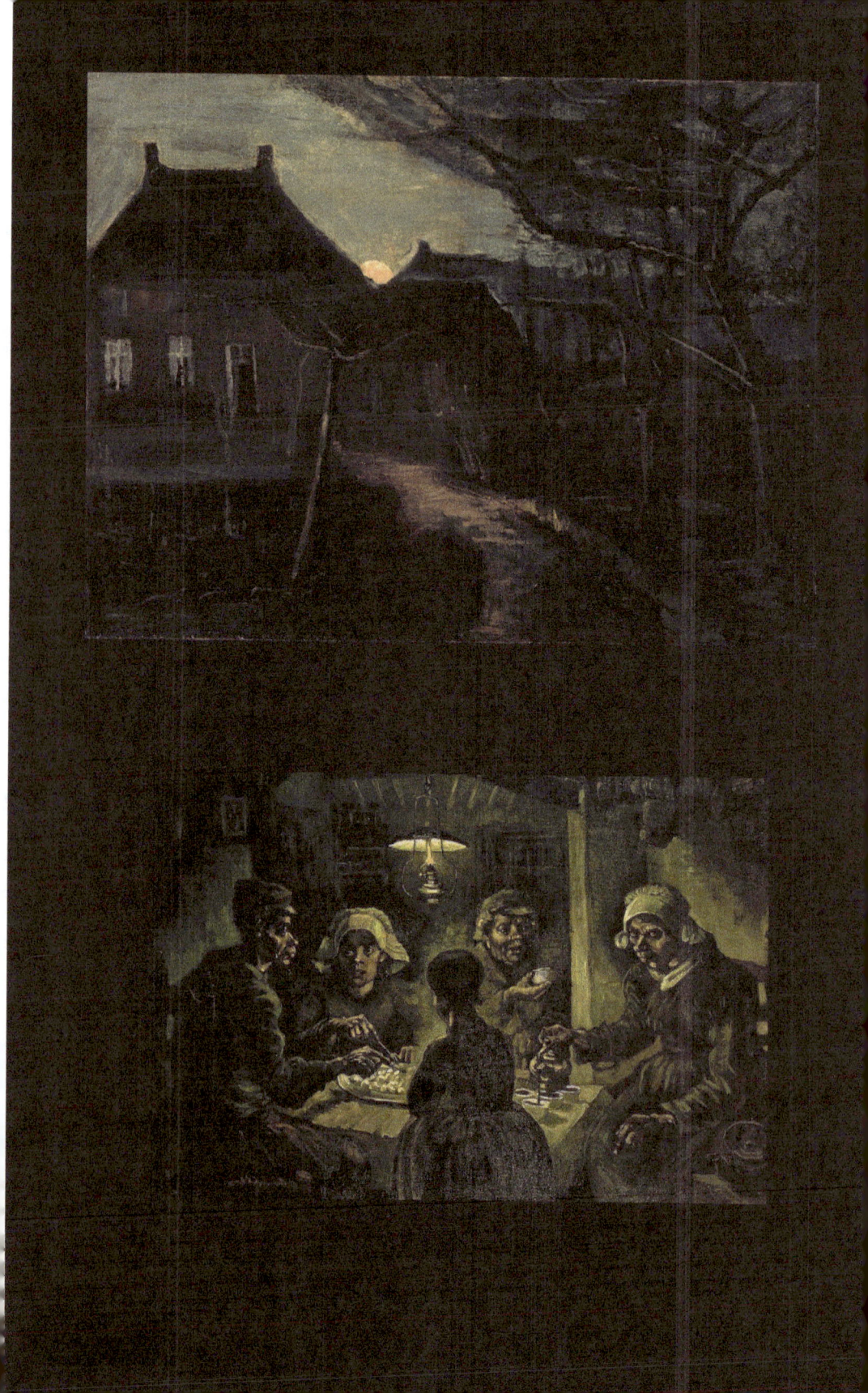

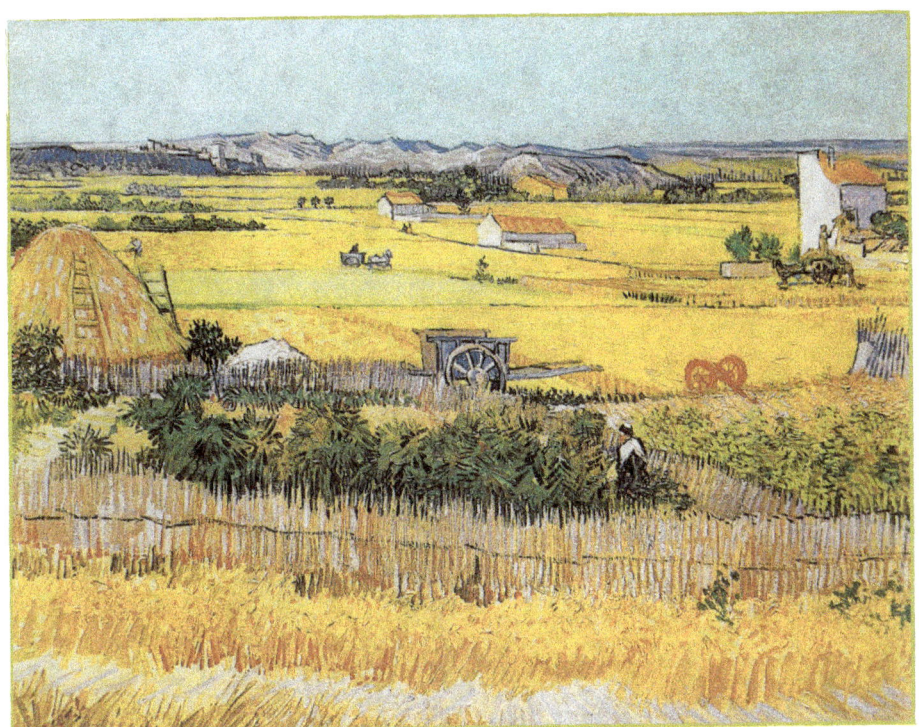

Sole e Notte

Van Gogh nell'immaginario comune è il pittore del sole giallo e della luce piena. Se si pensa alla sua pittura a occhi aperti si vedono subito non solo i girasoli, ma il famosissimo dipinto della PIANURA DELLA CRAU. Una sinfonia di gialli, resi piatti nella sovrapposizione dei piani paralleli che evocano la profondità senza linee prospettiche, ma per giustapposizione. È un quadro che crea il sogno di una pianura viva, abbacinante in una sorta di ibrido tra un Giappone evocato e la realtà della pianura provenzale assolata. Ma se si socchiudono per un attimo gli occhi, e si guarda all'opera intera, emerge un dato. Van Gogh non è solo il pittore del sole, ma è il pittore della notte. Eh sì, la notte; il buio forse mai ha avuto tanti colori e tanti significati come in van Gogh. Vincent ha dipinto i colori della notte in un numero assolutamente straordinario di opere,[26] cominciando sin dai primi mesi della sua attività.

Il presbiterio visto dal retro al chiaro di luna, Nuenen, novembre 1885, Collezione Privata, 41x54,5 F 183 JH 952

I mangiatori di patate, Nuenen, c. 20-28 aprile 1885, van Gogh Museum, Amsterdam 114x82 F 82 JH 764

La pianura della Crau, Arles, c. 10 giugno 1888, van Gogh Museum, Amsterdam, 72,5x92 F 412 JH 1440

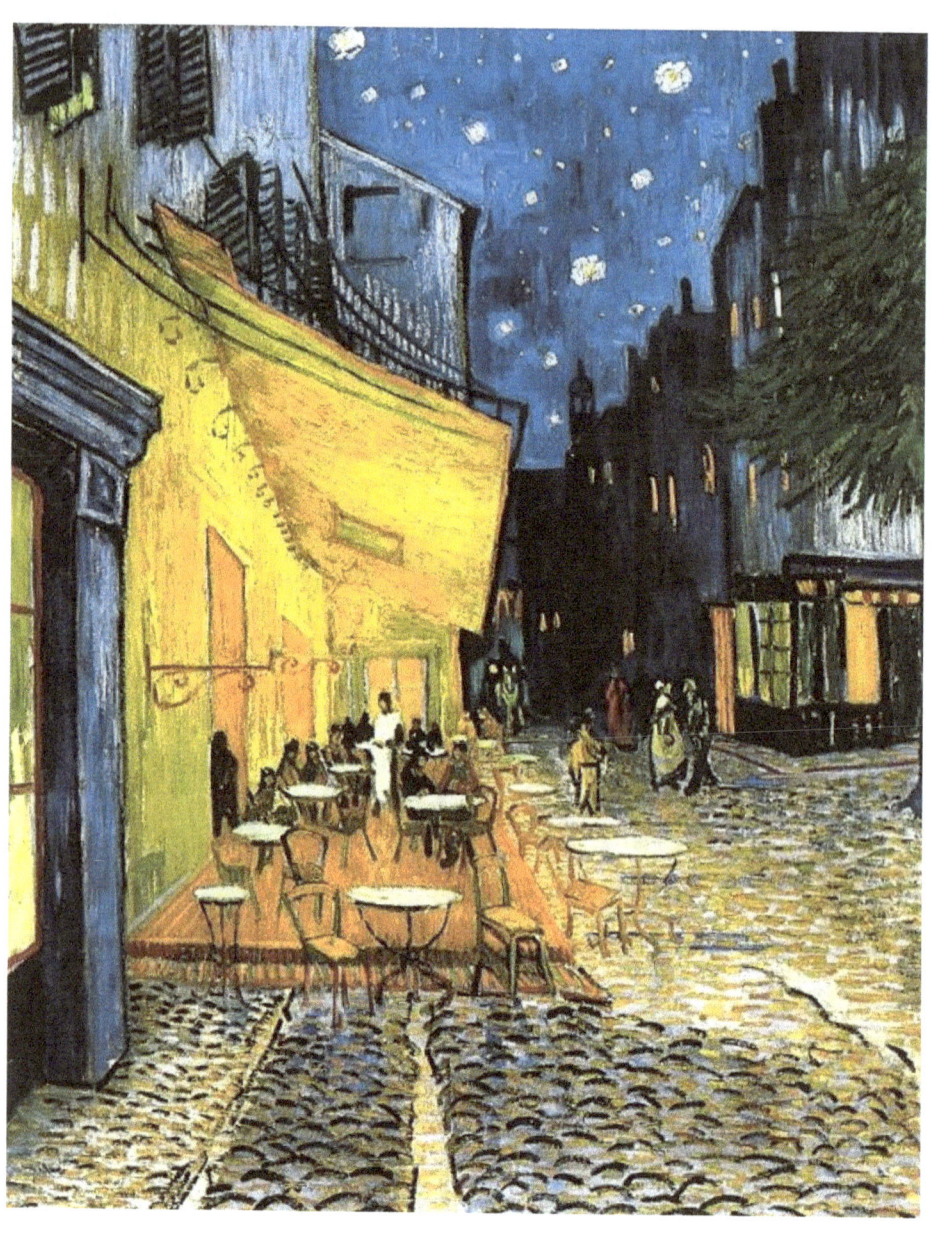

Terrazza del caffè di notte a piazza Forum, Arles, c. 12 settembre 1888, Kröller Müller Museum, Otterlo, 65,5x81 F 467 JH 1580

Interno del caffè di notte, Arles, c. 7 settembre 1888, Yale University Art Gallery, New Haven, 70x89 F 463 JH 1575

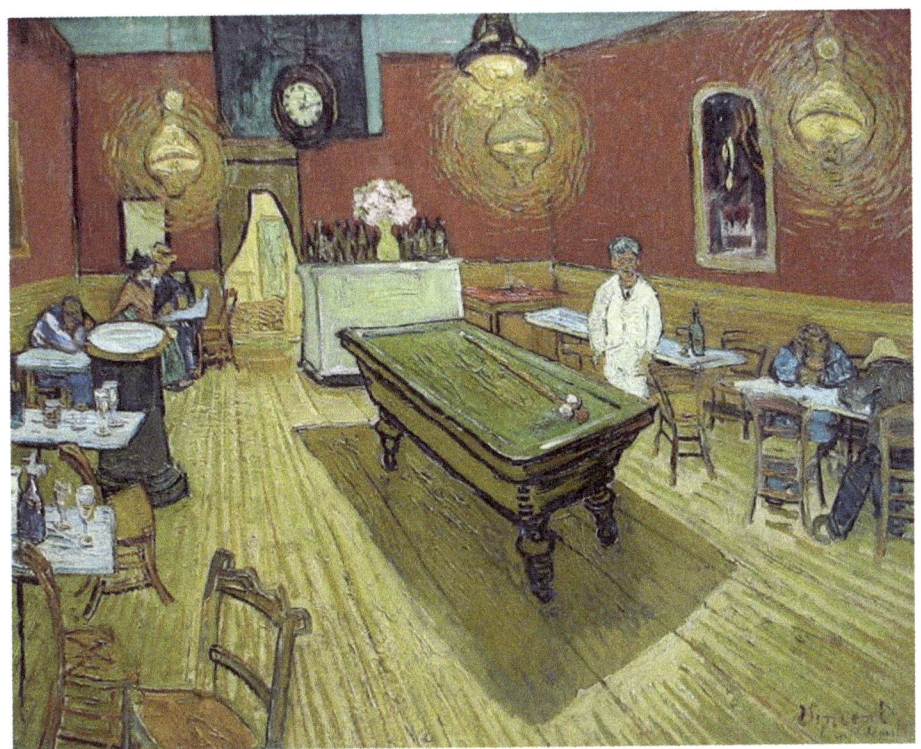

All'inizio era una notte bituminosa, scura, contadina, romantica come ne Il Presbiterio con la casa del padre che emerge dall'ombra accanto alla propria baracca. Dentro quelle case, e le più povere, c'è il desco dei suoi Mangiatori di patate.

Nella Terrazza del caffè a piazza piazza Forum, van Gogh dipinge dal vero 34 con in testa il cappello e le candele con le mollette che si mettono sugli alberi di Natale. E la notte urbana, la notte moderna, la notte di Arles diventa tutta un'altra cosa. È la notte dei colori fosforescenti delle luci a gas: non pesa più sulla terra scura e contadina, ma accende una modernità tumultuosa popolata da mille colori artificiali. Ora è proprio l'aggettivo artificiale, la chiave per capire «sempre» l'uso del colore di van Gogh. Naturalmente, nell'esterno del caffè i colori sono artificiali anche perché sono quelli meccanici delle lampade che fanno rimbalzare il giallo portentoso della tettoia, che accendono la pedana arancione, che picchiettano l'acciottolato di arancio, di azzurro, di ocra, che fanno diventare blu di Prussia il portone e lillà le pareti delle case e blu cobalto il cielo con i fiori bianchi delle stelle. Ma i colori di van Gogh sono artificiali, anche quando dipinge di giorno. Anzi è proprio attraverso questo tenacemente perseguito uso forzato e arbitrario del colore che van Gogh entra di prepotenza nella storia della pittura post-impressionista. La modernità, in questa fase storica di fine Ottocento, infatti non può non essere analitica, scientifica, astratta. Seurat ha un approccio rigidamente anti-naturalistico, alla teoria del colore che indaga attraverso le nuove scoperte dell'ottica. Cézanne tende ad annullare, in alcuni quadri, il colore, per far prevalere la meccanica scomposizione degli oggetti. Gauguin dà una interpretazione onirica e decorativa del colore. Van Gogh studia appassionatamente la teoria cromatica dei complementari e la usa per esaltare delle cose l'intima espressione, il significato che esse condensano ed emanano. Il colore per van Gogh deve essere, vorremmo dire "storicamente", anti-naturalistico.

La notte, naturalmente, è anche il regno del mistero, quando possono accadere cose spaventose. Dipinge un quadro di INTERNO DEL CAFFÈ. Così lo descrive:

> *Mio caro Theo, Mille volte grazie della tua buona lettera e dei trecento franchi che conteneva; dopo qualche settimana di guai ne ho avuta una molto migliore. È vero che i guai non vengono da soli, e neppure le buone notizie. Poiché proprio oppresso da questa difficoltà di soldi con il padrone di casa, avevo preso la mia decisione a cuor leggero. Avevo ingiuriato il detto padron di casa, che dopo tutto non è un cattivo uomo, e gli avevo detto che per vendicarmi di avergli pagato tanto denaro inutilmente, gli avrei dipinto tutta la sua sporca baracca in modo da rimborsarmi. E infine con grande gioia del padrone di casa, del postino che ho già ritratto, dei curiosi nottambuli e di me stesso, ho lavorato durante tre notti a dipingere, dormendo durante il giorno. Spesso mi sembra che la notte sia molto più viva e più riccamente colorata del giorno. Ora per ciò che si tratta di riavere i soldi dati al padron di casa attraverso la mia pittura, non insisto, perché il quadro è tra i più brutti che ho fatto. È l'equivalente, benché diverso, dei mangiatori di patate. Ho cercato di esprimere le terribili passioni umane con il rosso e il verde. La sala è rosso sangue e giallo spento, un biliardo nel mezzo, quattro lampade giallo limone che spandono una luce arancione e verde. E ovunque una lotta e una antitesi dei verdi e dei rossi più diversi, nei personaggi di piccoli teppisti che dormo, nella sala vuota e triste, in viola e blu. Il rosso sangue e il verde giallo del bigliardo per esempio contrastano con il verde tenero Luigi XV della cassa, dove c'è un mazzo di fiori rosa. I vestiti bianchi del proprietario, che veglia in un angolo di questa fornace, diventano giallo limone, verde pallido e luminoso.*[27] *(...)*

E ora facciamo un ultimo salto. Van Gogh è internato nella Casa di cura di Saint-Rémy. Il 18 gennaio 1890 fa una gita a Arles, che è poco lontano. Al ritorno ha una

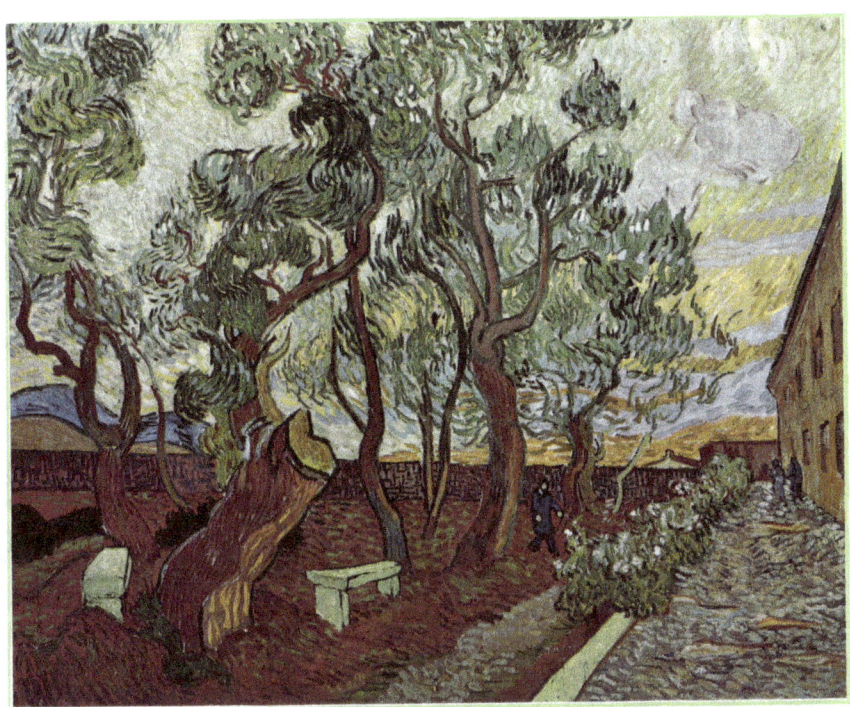

spaventosa ricaduta della sua malattia e - dopo una breve ripresa - rimane prostrato sino a tutto aprile. Solo a maggio ricomincia a dipingere, fa otto quadri prima di lasciare l'Asilo di Saint-Rémy per la sua ultima tappa. Tra questi c'è COPPIA CHE CAMMINA TRA GLI ALBERI D'OLIVO SOTTO LA LUNA CRESCENTE. Di nuovo un notturno. L'uomo, senza alcun ombra di dubbio, è lui stesso. È rosso di barba e capelli e indossa la famosa casacca blu. Non sono abbracciate le due persone, camminano soltanto accanto. Lei parla indicando la luna, lui ha una mano verso la terra.[28] Quando, sempre più preoccupato dalle crisi che non lo abbandonano, ritrae il giardino della Casa di cura così scrive:

> (...) il primo albero è un tronco enorme, colpito dal fulmine e segato. Ciononostante un ramo laterale si lancia verso l'alto e ricade in una cascata di aghi verde scuro. Questo gigante tenebroso - come un orgoglioso sconfitto - contrasta, considerato come essere vivente, col pallido sorriso di una ultima rosa di un cespuglio che appassisce in faccia a lui.[29]

Se l'albero è lui stesso, chi è la rosa?

Giardino della casa di cura Saint-Paul, Saint Rémy, c. 30 ottobre 1889, Folkwang Museum, Essen, 73,5-x92 F 660 JH 1849

37.

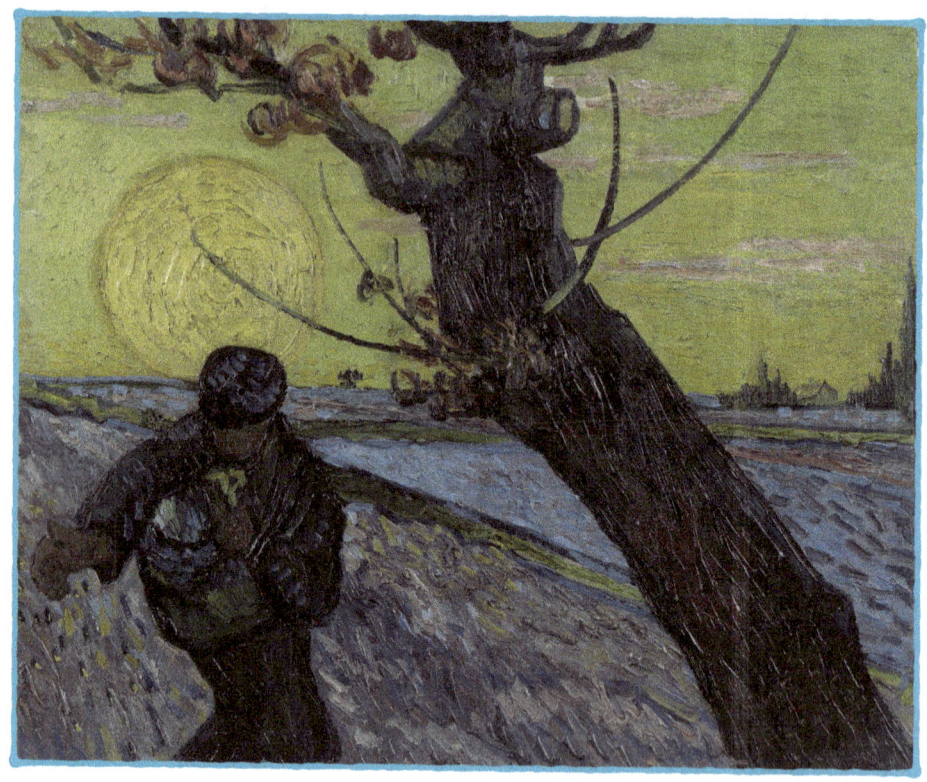

Addendum

Quanti dolori, quanti misteri, quanti messaggi nascosti Vincent van Gogh ci lascia.[30] Ma forse almeno di uno, il più importante e misterioso, dobbiamo parlare.

24   Facciamo un passo indietro e guardiamo LA CAMERA DI VINCENT che abbiamo già incontrato. Guardiamola con attenzione, con molta attenzione. E soffermiamoci sui dettagli. Sul tavolino gli utensili della pulizia. Una spazzola e altri oggetti E poi, i due guanciali, le due sedie, i quadri alle pareti ... questo capolavoro dell'arte nasconde una serie di misteri, una serie di messaggi. Cerchiamoli, dando la parola a un Vincent che "avrebbe" potuto scrivere la lettera qui accanto.

Il seminatore, Arles, novembre 1888,
Museo van Gogh Amsterdam 32,5x40
F 451 JH 162

Arles, 4 febbraio 1889

Caro Theo,
ieri ti ho spedito una lunga lettera in cui ti ho fatto anche un cenno al fatto che sono riandato a trovare la ragazza che aveva vissuto la mia prima crisi drammatica del 23 dicembre. La crisi che ha prodotto la definitiva rottura con Gauguin e la sua partenza. Ora io credo che tu debba sapere come è andata veramente tutta la storia, della crisi tra Gauguin e mia e voglio che una volta per tutte tu sappia la verità. Gauguin e io abbiamo vissuto nove settimane di fertilità creativa sovrumana. Tu sai bene che io ho prodotto e sperimentato molto nel nostro periodo insieme. Ho cercato di far sentire a Gauguin quello che io sentivo, i luoghi che amavo, e che spesso abbiamo dipinto insieme. Ciascuno con il nostro sguardo. Non so se sia riuscito a far sentire un poco quello che io sentivo e se la mia visione abbia influenzato la sua. Io ho cercato di assimilare il modo di Gauguin di pensare alla pittura, per la sua via di immagine di sogno e di pensiero rimosso dal reale immediato. E ho fatto tra l'altro anche quel quadro della mamma e di Wil nel giardino del presbiterio di Etten e anche altre cose ho pensato e sperimentato sulla base del suo lavoro e della sua visione. Ma come sai le nostre personalità si sono progressivamente scontrate. Sentivo che il mio desiderio di fare qui nella piccola casa gialla un atelier comune, agli occhi di Gauguin era diventata una cosa da sognatore romantico. Mi è venuto anche in mente che in fondo Gauguin, che ha un'anima pragmatica e un poco cinica, che a volte mi fa pensare al suo essere stato un agente di borsa, è un calcolatore di professione e abbia alla fine accettato il nostro invito a Arles più per l'alleanza con te, come canale per vendere le sue opere, che con me come pittore e compagno di strada. Anche se, come sai, anche per il mio sincero apprezzamento per la sua grande arte, io mi sono spesso umiliato, quasi al rango di allievo nei suoi confronti. In ogni caso, Theo, e lo ribadisco, noi insieme abbiamo prodotto un ciclo di arte fortissima. E scommetto che nel futuro

questo lavoro comune, queste 9 settimane qui a Arles nella piccola casa gialla, interesseranno molti.
Comunque accanto alla fatica sovrumana della pittura, devi capire che abbiamo abusato ogni oltre limite di noi stessi. Abbiamo mangiato pochissimo e in maniera irregolare, abbiamo fumato quantità enormi di tabacco e bevuto questo assenzio che produce, soprattutto se usato a fiumi come noi facevamo, vere e proprie allucinazioni. Eravamo progressivamente logorati nella mente e nel corpo. Sai, sono testardo e non retrocedo mai nelle mie convinzioni. Anche se ho voluto sempre rispettare in Gauguin il maestro non potevo, a pena di tradire me stesso, dire di amare quei pittori come Ingres o Raffaello che lui ama. Lui disprezza Monticelli, irride Millet. Quante discussioni. Soprattutto dopo la gita a Montpellier per vedere i quadri di Courbet e il museo che, invece di un momento felice, si è rivelata una nuova occasione di attrito per le nostre divergenze sull'arte.
Ora, oltre alle differenze sull'arte dei maestri, e anche ovviamente sul nostro e sul mio stesso lavoro, c'è stata anche una sorta di continua umiliazione di me stesso umiliando le cose che io amo. E il fatto che le vendite a lui vadano così bene e le mie sempre tragicamente male, certo non mi ha aiutato.
Inoltre, per la verità, c'è stato anche l'abuso del postribolo qui nella nostra piccola Arles. Gauguin è un divoratore di donne, ancora più di Milliet. Ma quasi con perfidia, quasi con disprezzo.
Ora Theo, io non te l'ho mai detto, ma fratello mio come te lo potevo dire? Come ti potevo spiegare dopo la delusione con la cugina Kee e prima con Ursule, dopo la mia disgraziata avventura con Sien (ricordi, quante disavventure e tradimenti e preoccupazioni...), dopo la sofferenza con Margot, dopo l'amore così tormentato con Agostina, come facevo a dirti che mi ero legato a Rachel? Rachel lavora in una casa di tolleranza come cameriera. È una giovane che a me dava conforto e tra noi era nata più di una amicizia. Era una persona cui ero vicino, mi sentivo legato. Mille cose sono collegate alla fioritura della mia pittura la scorsa primavera.. ma guarda in quanti miei disegni ci sono

coppie abbracciate che camminano per i campi di Arles! Fratello mio, hai capito! Era un piccolo segnale di rifioritura della mia anima, e in quella coppia che cammina, sola, contro le avversità del mondo, io Theo vedevo me stesso con un sogno, una speranza che all'uomo non deve essere mai negata.
Beh che c'entra Rachel mi dirai? C'entra anche lei fratello. Perché vedi nella mia crisi tragica con Gauguin (di cui mi pento amaramente! e che Dio mi perdoni) un bel poco c'entra anche lei. Eravamo nella casa gialla nella camera di Gauguin. Gauguin, come ti avevo scritto, stava per partire e stava finendo di fare i bagagli. E lì... con tabacco e assenzio a fiumi, spossatezza fisica e mentale e con l'annuncio dell'addio e della sua partenza definitiva a un certo punto io e Gauguin discutiamo sempre più animatamente. Gli urlo il mio rancore, la mia disperazione per la sua partenza. Gauguin mi dice che io, oltre a tutto sono un ingenuo e che... anche la mia passione per Rachel è una prova della mia ingenuità, della mia debolezza. E che Rachel, checché io dica e pensi, non era altro che donna e che lui le aveva fatto questo e quello! Espressioni che non ti riporto.
Theo! non ci ho visto più. Eh sì, me ne pento amaramente ora, vorrei veramente pentirmi di tutti i miei peccati per questo, ma Theo ti ripeto non ci ho visto più. Sono andato nella mia stanza e sul tavolino accanto alla finestra ho preso il rasoio! Dddio Theo, come ho fatto, come ho pensato per un solo attimo questa cosa! Ma che Dio mi perdoni, veramente non ci ho visto più, ero fuori di me. Ma forse tutto avrei sopportato e stavo sopportando, ma la cattiveria su Rachel, no, non c'è l'ho fatta e mi sono avventato su Gauguin con il rasoio. Gauguin come sai è ben forte e atletico e mi ha bloccato entrambi i polsi. Quello con il maledetto rasoio e l'altro. E abbiamo cominciato a lottare furiosamente. Io con entrambe le mani bloccate che spingevo e lui che me le teneva serrate e con più forza di me e mi spingeva con il rasoio verso il viso. In questa fase con i polsi bloccati, la lama del rasoio spinta da Gauguin mi è finita sull'orecchio. Cosa sia avvenuto dopo non so, veramente, non posso onestamente dire perché sono entrato in una

sorta di trance. Corro sgomento per tutta la casa, inondandola di sangue, e forse, non lo posso escludere, in un raptus mi punisco dell'aggressione e mi trancio io stesso l'orecchio ferito, certamente svengo. Quando rinsavisco, Gauguin non c'è più e io mi trovo disperato, solo e con un orecchio in mano. Stravolto da tutto. Dall'ennesimo fallimento di un progetto (era possibile!, non era un sogno!) a cui tu e io tanto avevamo creduto, da Gauguin e soprattutto da me stesso. Ma Gauguin, dove è, dove è andato? Forse nei bar o conoscendolo magari mi sfida e umilia ancora... ed è da Rachel! Cosa avresti fatto tu in queste condizioni! Ho fatto l'unica cosa che in quel momento mi sembrava giusta. L'unica cosa che nella prostrazione del momento mi sembrava possibile: inseguire Gauguin e urlare anche a Rachel il mio amore e la mia frustrazione. Volevo parlarle, dirle del tormento della mia vita! Ebbene sono andato da Rachel nella notte con l'orecchio in un pezzo di carta. Confusamente pensavo a una sorta di martirio, ma anche una ricerca di aiuto... Magari me lo avrebbero potuto riattaccare.. Si lo so è folle, ma mi sembrava l'unico epilogo. Rachel era con Gauguin, la feci chiamare la incontrai e le dissi che in quel fazzoletto c'era qualcosa da custodire preziosamente.
Svenne dallo choc e poi successe un gran parapiglia, il buon Roulin mi portò stravolto a casa. La polizia è venuta, perché era chiaramente un fatto di sangue e non se ne poteva fare a meno, ero mezzo dissanguato, mi hanno portato all'ospedale e mi hanno salvato la vita, certo. Ma da allora nulla è potuto essere quello che sognavo. Fratello mio questa è la verità. Umilmente a te, fratello mio, non potevo non dirla. Forse sono diventato folle, forse a volte sono folle, ma è nel mio lavoro e nella passione assoluta del mio lavoro che io metto sempre me stesso.
Un abbraccio [31]

Vincent

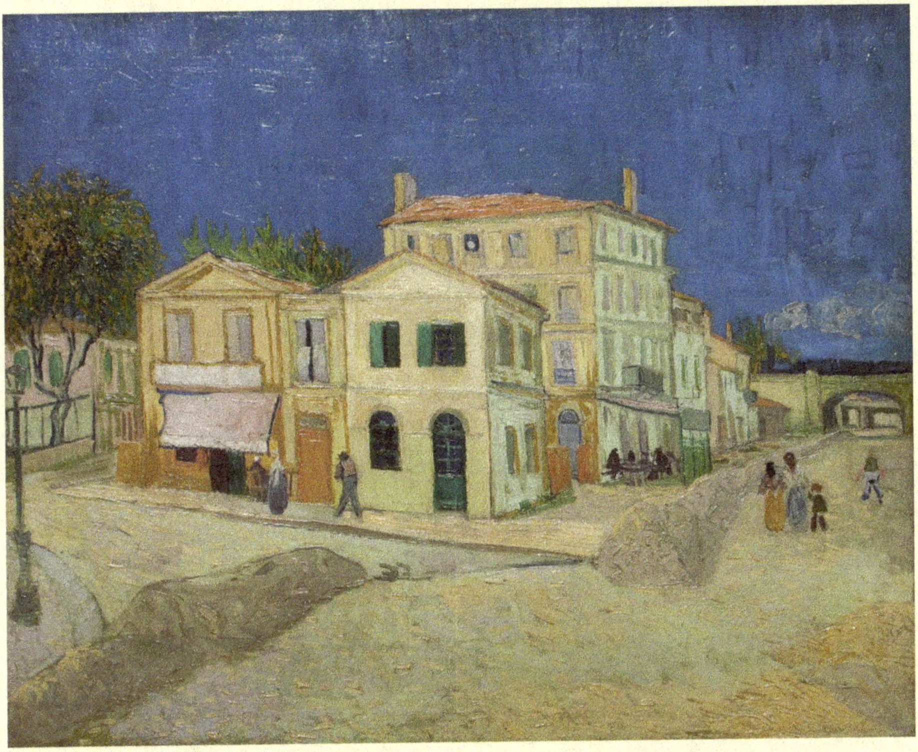

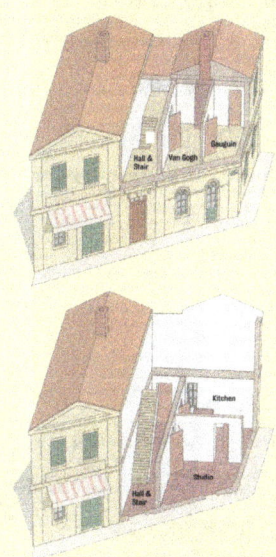
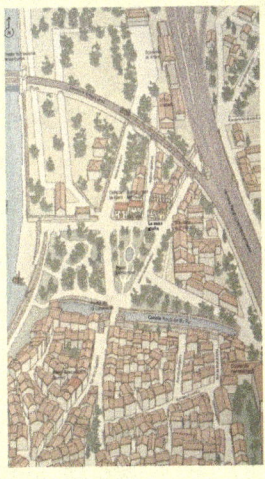
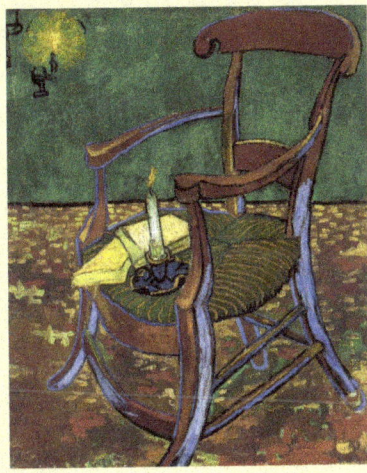

Ricostruzione della casa gialla e dei dintorni di Place Lamartine, in Druick 2001

La casa gialla, Arles, 28 settembre c. 1888, van Gogh Museum, Amsterdam 76x94 F 464 JH1589

La poltrona di Gauguin, Arles, 17 novembre c. 1888, van Gogh Museum 72x90,5 F 499 JH 1639

E siamo così arrivati a un momento cruciale della vita di van Gogh. Un episodio narrato in decine di occasioni a cominciare dallo stesso Paul Gauguin che, come scopriremo, scrive una perfida bugia. Seguiamo ora questa ricostruzione che è completamente diversa rispetto a quella di Gauguin. Qui non si ricorrerà all'artificio della lettera apocrifa ma la ricostruzione è integralmente basata su fatti e documenti certi.

Per comprendere il complesso l'intreccio di speranze, crolli, esaltazioni e frustrazioni che segnarono le nove settimane di convivenza di Paul Gauguin e Vincent van Gogh normalmente si pensa al luogo del dramma: LA CASA GIALLA (affittata da Vincent van Gogh il 1 maggio 1888 per farne la sede del suo Atelier du Midi), ma in realtà il luogo più denso di significato è un quadro. Si tratta di VAN GOGH CHE DIPINGE I GIRASOLI dipinto da Paul Gauguin nel dicembre del 1888. L'opera condensa una moltitudine di significati che afferiscono contemporaneamente ad almeno tre diverse sfere: quella pittorica, la simbolica e quella psicologica. Le tre sfere sono intrecciate l'una sull'altra e le aree di sovrapposizione determinano le sezioni complesse della rappresentazione.

Ciò che è rappresentato nel dipinto nasconde e rivela a un tempo. Le menzogne, in particolare, rimbalzano nei diversi mezzi della rappresentazione e si smascherano attraverso il confronto tra il dipinto, i disegni, i testi a stampa, le lettere ufficiali e ufficiose. Alla fine del percorso rimangono come un fermo immagine due fatti: la presenza di un capolavoro della pittura, VAN GOGH CHE DIPINGE I GIRASOLI, e una nuova comprensione di uno degli episodi più noti della storia dell'arte: l'amputazione dell'orecchio di Vincent van Gogh.

Il quadro

Il dipinto Van Gogh che dipinge i girasoli è uno degli ultimi di Gauguin nel suo periodo di convivenza con van Gogh. Lasciato a Arles, la sera della sua precipitosa partenza per Parigi il 25 dicembre, perché ancora non asciutto, successivamente rimarrà al fratello di Vincent, Theo, sulla base del patto economico tra loro stabilito.

L'esecuzione inizia all'incirca il 1 dicembre del 1888, quando Vincent accenna a Theo che l'amico è in procinto di eseguire il suo ritratto. Van Gogh usa una bizzarra perifrasi: "forse non sarà una delle sue cose inutili".[32] La produzione si protrae nelle settimane successive ed è come se, accanto agli attori principali - i due pittori con le loro accanite discussioni, le loro tensioni, l'uso e abuso dell'allucinogeno assenzio e le visite alla casa di tolleranza con le ragazze che vi ruotano - su tutto aleggi anche il dipinto. Il quadro raffigurerebbe un van Gogh quale eroe della pittura al lavoro, in realtà si tratta dell'esatto contrario.

La creazione del dipinto si intreccia con un altro celebre quadro di un artista al lavoro. Tra il 16 e il 17 dicembre i due pittori si recano in visita al museo Fabre nella non lontana Montpellier e vedono il dipinto Bonjour Monsieur Courbet, una complessa raffigurazione dell'artista che, con il cavalletto in spalla, si reca a dipingere dal vero e incontra il mecenate Fabre, appunto grande sostenitore di Gustav Courbet. L'anno dopo, Gauguin titolerà un suo quadro Bonjour Monsieur Gauguin ed è sicuramente interessato al ruolo della ritrattistica dell'artista al lavoro. Torneremo in seguito sugli scambi di autoritratti tra van Gogh, Gauguin, Emile Bernard e Charles Laval che si svolgono nello stesso autunno del 1888. Soffermiamoci ora su Van Gogh che dipinge i girasoli che si trova oggi in grande evidenza al Museo van Gogh di Amsterdam ed è visto da migliaia di visitatori ogni giorno.

Il quadro è tipicamente gauguiniano ed è di notevole rilevanza non solo per la sua dimensione, ma proprio per la forza della composizione. È caratterizzato dalla presenza di larghe bande cromatiche, da un taglio fotografico sbilanciato asimmetricamente e da un'atmosfera carica di tensione. Il colore è arbitrario, la costruzione dello spazio in cui si svolge la scena, onirica, le sembianze di van Gogh, deformate ma somiglianti. Nella sala del museo si nota accanto al dipinto di Gauguin, un piccolo quadretto (F 546) che Vincent a sua volta dipinse ritraendo quasi di nascosto e di spalle Gauguin. Pur rimanendo colpiti dalla forza espressiva e cromatica del quadro di Gauguin, poco altro può essere notato e di norma si passa oltre nella visita. Per comprendere bisogna fare un un vero percorso interpretativo.

Se si comincia a esaminare con attenzione il dipinto si scoprono, come detto, almeno tre sfere di significato. Cominciamo dalla pittura. Il quadro come si diceva è significativo: nel colore, nella cinque bande cromatiche sovrapposte, nell'atmosfera sospesa, nell'inquadratura fotografica che sposta le azioni ai bordi della grande tela.

Se si mette questo quadro al confronto con il citato piccolo e veloce ritratto di Gauguin che van Gogh dipinse sempre nella tela di juta grezza usata da entrambi in quei mesi, si è di fronte a un divario enorme. Un divario che non è evidentemente nella dimensione dei due dipinti, ma proprio nella intensità pittorica.[33]

La grande idea del quadro di Gauguin è quella dell'attrazione degli opposti: I girasoli, la sedia, il cavalletto e la tela sono a sinistra, sul margine opposto vi è il pittore. Tra i due, al centro, le onde di un paesaggio tipicamente gauguiniano.

Il cromatismo gioca un ruolo importante perché determina una sorta di inversione: tutta la composizione appare come capovolta e tirata verso il basso. Quello che dovrebbe essere il cielo azzurro sta infatti nella parte inferiore del dipinto, invece che in quella alta, e a questa banda azzurra si sovrappongono altre strisce parallele, gialle, verdi, viola che evocano prato, terreno, mura e case. L'azzurro del cielo capovolto crea un'ambiguità, o una "inversione" che va, come vedremo, ben oltre il questo dipinto.

Simbolo

Lasciata la sfera pittorica entriamo più direttamente in quella simbolica. Innanzitutto l'ambientazione appare a prima vista immaginaria, come d'altronde è tipico di Gauguin, anzi è esattamente, (e raramente parola sarà più appropriata), una scena "montata". La montatura non è solo nell'astrazione del paesaggio, ma anche nella presenza nel quadro di un vero vaso di girasoli: in realtà i girasoli in dicembre sono sfioriti da mesi e non è affatto vero che van Gogh li stia dipingendo, e Gauguin ritraendolo, semmai van Gogh stava lavorando a una copia del suo quadro di fine agosto.34

Sulla rappresentazione stessa dei girasoli in questo quadro inoltre bisogna fare tesoro di alcune osservazioni di Druick e Zegers, autori preziosi per questo mia analisi. A prima vista nei fiori dipinti da Gauguin non abbiamo scorto nulla di particolare, ma appunto ecco il dettaglio. Il girasole più alto non solo ha il bulbo contenente i fiori, ma bensì una evidentissima, una volta che ci è stata indicata, forma a occhio, con tanto di sopracciglio. Insomma il girasole ci guarda! Anzi guarda la scena che si svolge nella casa. D'altronde Gauguin stesso, in un ricordo che vorremmo segnalare a Druick e Zegers, lo dirà esplicitamente: "Nella mia stanza gialla, i girasoli con *occhi viola* [ns. corsivo], emergono da uno sfondo giallo".35

Quindi i girasoli guardano Gauguin che dipinge la scena; noi li guardiamo e siamo da loro osservati; van Gogh ritrae i girasoli nella tela e i girasoli guardano lui, noi

Paul Gauguin, *Van Gogh che dipinge i girasoli*, 95×73 dicembre 1888, Museo van Gogh, Amsterdam

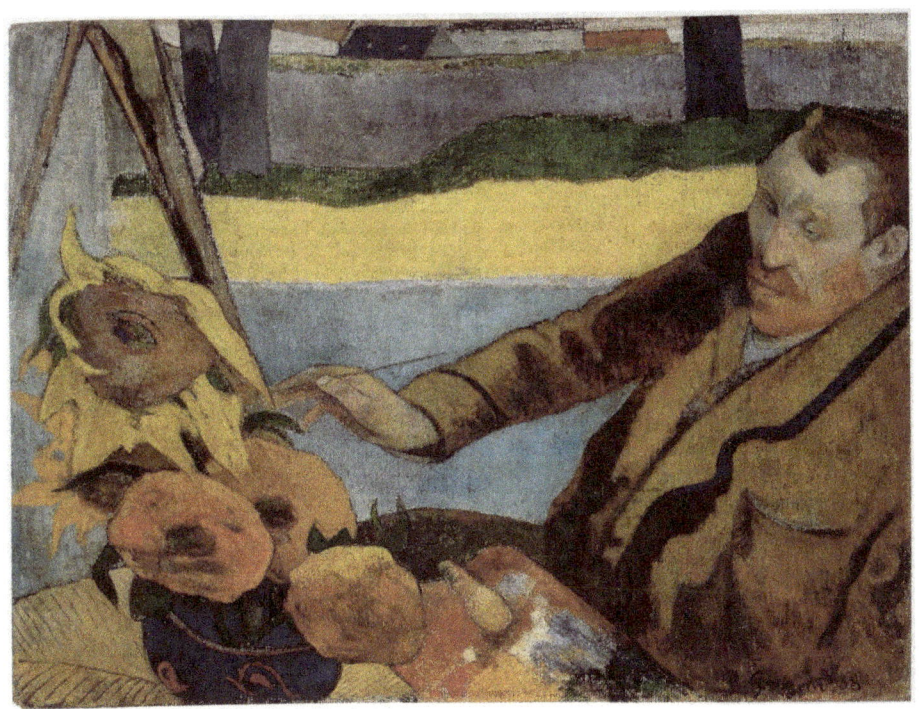

e Gauguin. Insomma questi girasoli sono attori indispensabili e Gauguin capisce, prima e con più profondità di qualunque critico successivo, che gli oggetti per van Gogh - come dicevamo - sono "sempre" persone.

Ora osserviamo il modo in cui è rappresentato van Gogh. Tutti i quadri e i numerosi aneddoti sul pittore olandese ci danno l'informazione di una estrema irruenza che dal quadro si trasmette al modo stesso di dipingere. Probabilmente non è *action painting*, ma certo ve ne sono alcuni elementi. L'amico Milliet ricorda che van Gogh diventava assolutamente fanatico quando cominciava a dipingere,[36] e si sofferma a lungo sulla passionalità dell'atto della creazione.

Ora si guardi invece la raffigurazione che Gauguin offre di van Gogh. La mano è flessuosamente piegata a novanta gradi in un atto gentile e innaturale e tiene un esile pennello che lascia sulla tela un tocchetto orizzontale, lieve come se il pittore volesse mettere appena un ritocco o una velatura. Insomma tutto l'opposto di qualunque descrizione di van Gogh al lavoro e una rappresentazione assurda. Stranamente Druick e Zegers non fanno cenno in questo contesto della stranezza della posizione effeminata della mano, ma fanno notare invece "il rigido pollice dalla forma fallica che spunta dalla tavolozza e che suggerisce una sessualità latente sia nella creatività di Vincent che in Gauguin in quanto fecondatore".[37] Quindi mano piegata e accogliente di van Gogh, e pollice fecondatore di Gauguin. L'idea è ambigua e complessa e per capirla meglio bisogna notare un dettaglio dell'Autoritratto di Gauguin, I Miserabili che arriva a van Gogh come scambio con l'Autoritratto di van Gogh Il Bonzo del settembre del 1888.

Van Gogh nel ritratto il Bonzo si ritrae all'insegna della amicizia e della dedizione. Van Gogh-bonzo manda questo omaggio al «pittore maestro» e Gauguin risponde con una figura ambigua. Un autoritratto violento e cattivo, in cui si ritrae sotto le spoglie del bandito romanticamente ribelle Jean Valjean, dal libro di Victor Hugo. Il giovane Emile Bernard, che si dice intimidito da Gauguin con cui vive a lavora in Bretagna, dipinge anche lui un autoritratto, molto delicato, con sullo sfondo un ritratto del maestro Gauguin. Ma attenzione al dettaglio rivelatore. Torniamo all'autoritratto che Gauguin manda a van Gogh e notiamo che anche lui sullo sfondo dipinge Bernard ma, anche qui, Gauguin dipinge il suo "logo". La tavolozza con il pollice che fuoriesce dal buco.

Insomma, Gauguin pone se stesso come grande fecondatore delle idee degli amici-allievi. Apparentemente il dettaglio vorrebbe dire che la pittura è fecondatrice, in realtà il dettaglio vuole dire: "sono io Paul Gauguin che fecondo, che insegno loro pittura, sono io che creo e insemino". Il pollice nella tavolozza allude a un fortissimo livello auto celebrativo. Cerchiamo di capire meglio questa chiave che è centrale per procedere oltre.

Autocelebrazione

Van Gogh dipinse già nel periodo parigino dei girasoli. Gauguin li aveva ammirati e scambiò un suo dipinto della Martinica con due di questi piccoli studi di girasoli. Vincent sapeva della predilezione e arredò - come detto - la stanza di Gauguin a Arles con dipinti di Girasoli. Ora, attenzione. Gauguin osa scrivere nel suo *Avant et Après* che van Gogh era ancora in pieno neo impressionismo quando lui arrivò e che è grazie a lui che il buon discepolo fece progressi!

> Mi assunsi il compito di illuminarlo, un impegno facile per cui trovai un terreno ricco e fertile. Come tutti i caratteri originali dotati di forte personalità, Vincent non aveva paura dell'altro e non aveva testardaggini. Dal giorno del mio arrivo, il mio van Gogh compì notevoli progressi: sembrava intuire tutto ciò che aveva dentro e il risultato fu l'intera serie di girasoli su girasoli in pieno sole.

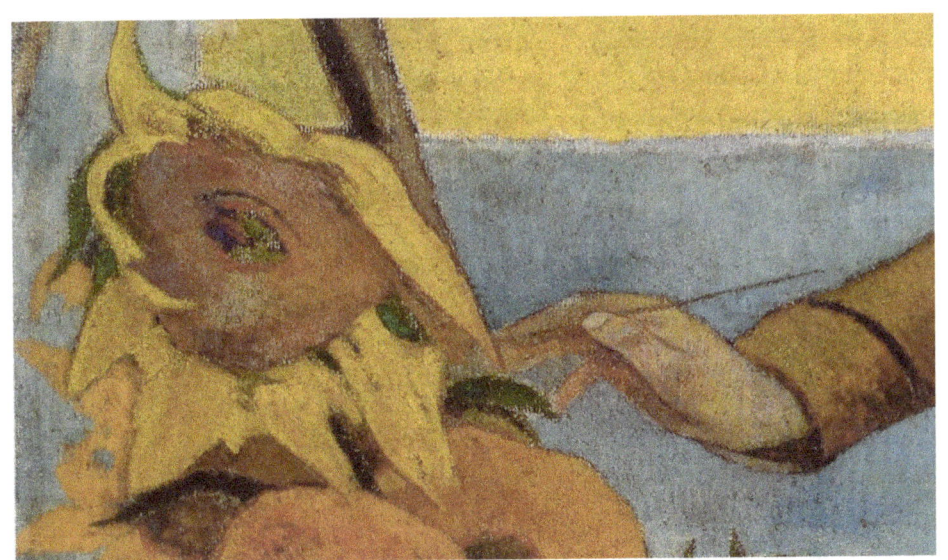

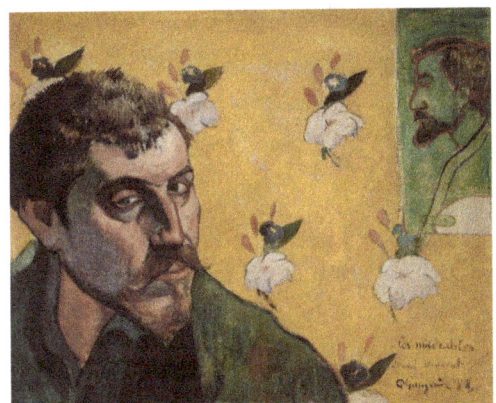

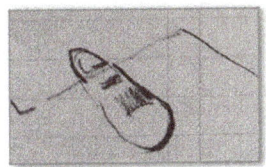

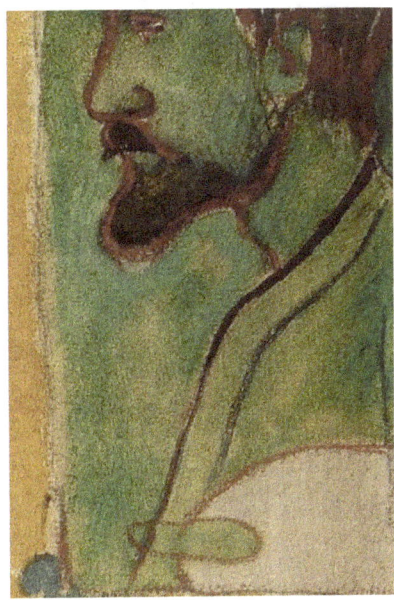

Paul Gauguin, Dettaglio di *Van Gogh che dipinge i girasoli*, intero v. p. 47

Paul Gauguin, *Autoritratto, "I Miserabili"* 45x55 settembre 1888 Museo van Gogh, Amsterdam

Paul Gauguin, *Autoritratto, "I Miserabili"* dettaglio ritratto di Bernard con tavolozza

Paul Gauguin, *Schizzo per van Gogh che dipinge i girasoli*, dettaglio, dicembre 1888 The Israel collection, Gerusalemme da Druick 2001 p. 237

Una menzogna grande grande. Gauguin si assume addirittura il merito di aver instradato van Gogh verso la creazione dei propri capolavori! Capolavori che Vincent aveva dipinto «ben prima» del suo arrivo e anzi li aveva dipinti addirittura per rendergli omaggio. Ciò che poteva apparire una forzatura interpretativa - il "logo" del pollice - in realtà nasconde un vero e proprio precipizio psicologico, un capovolgimento della realtà: come un cielo che invece di segnare l'orizzonte faccia sprofondare i protagonisti al suolo: un dopo che diventa un prima (come avrebbe dovuto più realisticamente chiamare il suo libro di memorie).[40]

Cosa afferma allora Gauguin in Van Gogh che dipinge i girasoli? Ma è semplice, ed è la stessa affermazione del brano citato: I Girasoli di van Gogh, il suo capolavoro, si devono alla propria influenza. L'architettura simbolica e auto-celebrativa del quadro diventa a questo punto più evidente.

Gauguin inventa un van Gogh che dipinge i girasoli (cosa non vera, li aveva dipinti circa tre mesi prima). Nel dettaglio del pollice fallico vuol suggerire che il genio di Gauguin fecondi la mano teneramente piegata di van Gogh che accoglie la potenza creativa del maestro. Van Gogh era noto a tutti per essere di una testardaggine assoluta e gli aneddoti a proposito si sprecano. Gauguin scrive "che non aveva testardaggini" e che raccoglie di buon grado i suoi insegnamenti.

Guardiamo ora di nuovo il paesaggio in cui la scena si svolge. Se osserviamo con attenzione, si scopre però che non sia affatto un "paesaggio immaginario", è invece "un quadro"! Infatti sul margine sinistro si vede il telaio e il risvolto della tela. Van Gogh è quindi nello studio, non in campagna, dentro uno spazio *vero* dominato dalla presenza del dipinto enorme di Gauguin. Il vero centro della scena insomma è Gauguin stesso e l'energia che porta le onde creative verso la mano con il pennello attraverso il quadro che troneggia nella stanza.

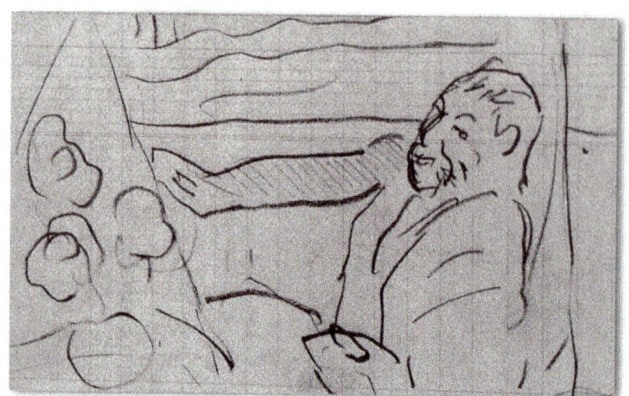

Paul Gauguin, Schizzo per *Van gogh che dipinge i girasoli*, dicembre 1888 The Israel collection, Gerusalemme da Druick 2001 p. 237

VAN GOGH CHE DIPINGE I GIRASOLI non è la celebrazione di van Gogh, ma al contrario di Gauguin come gran maestro, ispiratore della creazione dell'allievo. Il quadro rappresenta un Vincent van Gogh che opera in una sorta di trance da *delirium tremens* dentro la pittura di Gauguin, il cui sguardo ovviamente domina la scena. La povera sedia di paglia in cui van Gogh appoggia i girasoli e van Gogh stesso sono visti dall'alto verso il basso come se Gauguin orchestrasse la scena da un arengario.

> Van Gogh stesso infine è raffigurato con "la testa quasi deforme, la fronte è bassa e inclinata, il viso e il naso schiacciati, la mascella protesa è irta di barba rossa, mentre lo sguardo suggerisce uno stato ipnotico [.... e negli schizzi preparatori ..] si mostra un'accentuazione ancora più marcata tale da conferire al pittore un aspetto scimmiesco."[41]

Una faccia da animale, in trance, in preda alle allucinazione quasi scimmiesca che ispirato da Gauguin dipinge i propri capolavori. Basta?

Nella sfera del giallo

Ora dobbiamo fare un passo avanti ed entrare nella ricostruzione altrettanto falsa rispetto al quadro, che Gauguin fa dell'episodio chiave della crisi del 23 dicembre 1888 e dell'amputazione dell'orecchio. Qui entriamo nelle sfera del giallo, non ci avventureremo mai nel periglioso mare delle ipotesi romanzate, ma ci atterremo, ci scusiamo se con pignoleria, ai fatti. I fatti sono verificabili da documenti concreti, enumeriamoli:

a. Lettera Ufficiosa - la Lettera che Gauguin scrive a Bernard a pochissimi giorni dell'episodio;[42]

b. Ricostruzione "ufficiale" - Il testo pubblicato nel 1903 da Gauguin con il titolo *Avant e Après*[43]

c. Trafiletto di giornale su "Le Forum Republican" di Arles 30 dicembre 1888[44]

d. Le lettere autografe di Vincent e Theo van Gogh e degli altri protagonisti e testimoni

e. Il rapporto della polizia del febbraio-marzo 1889[45]

Manca anche nell'ultimo e ponderoso lavoro di Naifeh e White Smith il rapporto ufficiale della polizia, a firma del commissario Joseph d'Ornano e che risulta scomparso già al tempo delle ricerche di Tralbaut, ma l'incrocio tra i materiali sopra ricordati, come vedremo, insieme alla conoscenza della topografia cittadina e della pianta della casa consentono appunto di provare come incredibilmente lacunosa e sicuramente bugiarda la ricostruzione ufficiale di Gauguin. Insomma il testo *Avant et Après* è un falso altrettanto macroscopico del messaggio contenuto nel quadro VAN GOGH CHE DIPINGE I GIRASOLI. Un falso già fatto notare dalla cognata Jo Bonger,[46] e rimarcato con molta evidenza da Tralbaut da anni, ma mai, credo, cosi dettagliatamente illustrato come nelle pagine che seguono e messo in relazione al quadro di Gauguin.

Dopo e prima

Cominciamo con la ricostruzione ufficiale che Gauguin fa dell'episodio nel 1903: "Nell'ultimo tempo del mio soggiorno a Arles Vincent," scrive Gauguin, era "impulsivo e rumoroso, ma finì poi con chiudersi nel silenzio". Nella frase successive, dopo aver descritto le sveglie notturne di van Gogh, che lui avrebbe sempre placato entra in scena il quadro, che come stiamo sostenendo è la chiave della vicenda:

> Mi ero disposto a quel tempo a fare il ritratto di lui intento a dipingere la natura morta che amava tanto, quella dei girasoli. Come l'ebbi finito egli uscì a dire: 'Sono proprio io ma diventato pazzo'. La sera stessa ordinò un leggero assenzio. a un certo momento, d'improvviso, mi tirò in testa un bicchiere d'assenzio. [E Gauguin il giorno dopo avrebbe detto a van Gogh:] "permettete che scriva a vostro fratello dicendogli che intendo andarmene."[47]

Ora ragioniamo. Gauguin dipinge un quadro che è pieno di falsità e che lascia credere a chi lo guarda che Vincent van Gogh abbia dipinto il proprio capolavoro dei I GIRASOLI sotto l'influenza di Gauguin. Con la sensibilità acutissima per le immagini che hanno i pittori van Gogh capisce tutto e reagisce, tirandogli, a quadro finito e dopo aver ben riflettuto ("si era chiuso nel silenzio"...) un bicchiere in testa. È un atteggiamento aggressivo, certo, ma ben giustificato dalla gravità di quello che ha fatto Gauguin: rubare a van Gogh la propria arte, la propria stessa ragione di vita, la propria posterità. Si pensi che il problema della originalità dell'opera è di enorme, capitale importanza, tra gli artisti. Van Gogh nelle settimane precedenti e in attesa dell'arrivo di Gauguin era sostanzialmente stremato da un lavoro che voleva compiere appunto per rimarcare, "prima" dell'arrivo di Gauguin, la propria originalità. Scrisse infatti a Theo:

> *Ho intenzione di fare con il mio lavoro una certa impressione a Gauguin [e successivamente] Ho tuttavia portato avanti il più possibile quel che avevo cominciato, per il gran desiderio di mostrargli cose nuove e di non subire la sua influenza (...) prima di potergli mostrare incontestabilmente la mia originalità.*[48]

Incontestabilmente! Quindi il primo tradimento è quello della paternità della propria arte. Basterebbe, ma ve ne è un secondo. Se possibile ancora più grave.

L'Atelier du Midi

Dietro l'atto, violento ma tutt'altro che "folle" del bicchiere in testa, non c'è solo il furto della paternità artistica, ma c'è un abbandono.

Si tratta dell'annuncio della partenza da Arles e quindi del fallimento del progetto dell'Atelier du Midi, un fallimento talmente grave che van Gogh dà esplicitamente dell'assassino a Gauguin. Di nuovo Gauguin racconta l'episodio, e solo nella versione ufficiosa, inserendolo nel registro degli atti ingiustificabili di un pazzo.

> *Dovevo lasciare Arles: era così bizzarro che non lo sopportavo più. Mi ha persino chiesto: 'allora parti?' e quando ho risposto 'Sì', ha strappato questa frase da un giornale e me l'ha messa in mano: 'l'assassino prende il volo'*[49]

Al tradimento di Gauguin del progetto dell'atelier, si intreccia un secondo motivo. Tra Gauguin e Theo van Gogh c'è un forte legame di stima e commercialmente le cose stanno andando in quel periodo abbastanza bene (Theo riesce a vendere dei quadri e delle porcellane e Gauguin è invitato alla mostra dei "Les Vingt" a Bruxelles), mentre Vincent, sempre più disperato, non vende - certo incredibilmente - neanche un quadro che rimangono tutti custoditi da Theo. Per van Gogh l'idea della comune di artisti, e quindi dell'Atelier du Midi che ne era la concretizzazione, era lo strumento per avere un sistema di solidarietà e la gestione delle spese e dei profitti in maniera cooperativa. Gauguin andandosene non solo fa crollare questo progetto, ma il legame sempre più stretto con il fratello Theo lascia Vincent in un isolamento più forte di prima. E come se non bastasse, sempre negli stessi giorni di dicembre, Theo finalmente ottiene di fidanzarsi con Jo Bonger. Vincent naturalmente percepisce immediatamente che la creazione di una famiglia non potrà che rendere sempre più difficile per Theo sovvenzionare la sua arte e la sua stessa vita. Un abbandono generalizzato, prende quindi il sopravvento proprio l'anti vigilia di Natale del 1888.

La notte

Scrive Gauguin a Bernard nella versione ufficiosa:

> Ho passato la notte in un albergo e quando sono tornato, tutta la città si era radunata di fronte a casa nostra. *Poi la polizia mi ha arrestato,* [corsivo dell'A.] perché la casa era piena di sangue. Ecco cosa era avvenuto. Dopo che me n'ero andato, Vincent è tornato a casa, ha preso un rasoio e si è tagliato un orecchio. Poi si è messo in testa un berrettone e si è recato in un bordello per mostrare l'orecchio a una disgraziata, dicendole: 'Ti ricorderai di me, te lo posso assicurare'. La ragazza è svenuta all'istante. Qualcuno ha chiamato la polizia e sono venuti a casa. Vincent è stato portato in ospedale.[50]

In un passo della versione ufficiale,[51] Gauguin rivela un aspetto fondamentale che è la chiave del dramma. È un dettaglio apparentemente minuto, minutissimo, ma inequivocabile. Non è soltanto una omissione, ma una vera e propria menzogna: uno scambio di persona. Leggiamo:

> Dunque, appena in grado di uscire si diresse, con un basco ben calato sulla testa, in uno di quei dove c'è sempre una ragazza sottomano e alla 'direttrice' consegnò il suo orecchio ben pulito e messo in un involto. 'Tenete' disse 'per mio ricordo' e via di corsa. rientrato si buttò a letto e si addormentò. (*Avant et Après* p. 122)

Allora quale è il dettaglio chiave, quale è la menzogna?. Gauguin dice, addirittura per essere certissimo di non essere frainteso virgolettando, che l'orecchio è consegnato "alla direttrice". È un falso, non è affatto consegnato alla direttrice ma a una ragazza, (nella versione precedente l'aveva chiamata "disgraziata ragazza"). Inoltre come fa a conoscere l'episodio se lui ha detto di essere andato dopo la lite con van Gogh al "buon albergo"? È chiaro invece che lui "era" con la ragazza e che van Gogh va lì per dare "a entrambi" l'orecchio. È quanto sostengono Naifeh e White Smith, con una ricostruzione accurata, e io concordo con loro su questo punto.[52]

La ragazza, per altro, è così importante in tutta la questione che addirittura il giornale locale che riporta la notizia le dà un nome. Si chiama Rachel!. Naturalmente questo dettaglio pesa come un macigno insieme al "buon albergo", alle "tre di notte" all'ora che "chiede all'albergatore". Gauguin dopo la lite cruenta va diretto alla casa di tolleranza per incontrare Rachel. Van Gogh lo insegue per consegnare l'orecchio e tenerlo con attenzione. È notte, è confuso, non vuole andare all'ospedale per non far sapere della cruenta lite e torna sanguinante verso casa. Ma si raccomanda di tenere con cura l'orecchio certo non quale gesto di un folle, ma perché ricorda amputazioni subite da minatori o contadini e di ricuciture "prodigiose".

Il ruolo di Theo

E adesso veniamo all'ultimo atto e a un'ancora più una grande omissione di Paul Gauguin. Gauguin spiega che arrivato in casa la mattina il commissario gli dice "a bruciapelo. 'signore che avete fatto al vostro compagno?'. ' Non so proprio...' ' altroché se lo sapete: è morto' " (Avant et Après p. 123)

Segue il solito moralismo di Gauguin "A nessuno augurerei di passare un simile momento" Ma poi si scopre che van Gogh non è morto.

> Vincent giaceva a letto, tutto avvolto nelle lenzuola, rannicchiato in se stesso: pareva inanimato. Leggermente, con molta delicatezza lo toccai: caldo, vivo dunque. Mi sembrò di riprendere al momento facoltà e forze. Sottovoce quasi mi rivolsi al commissario di polizia. 'per favore,' dissi 'che quest'uomo sia guardato con molta cura e, se più tardi chiederà di me, gli si dica che sono partito per Parigi. (*Avant et Après* p. 123)

È una frase che da brividi per la sua falsità. Gauguin che si raccomanda! Gauguin che dice "sia guardato con molta cura" e poi gli dica "che sono partito per Parigi".[53]

Esattamente il contrario è vero. Gauguin è arrestato dal commissario Jospeh d'Ornano. Ovviamente! C'è stato un fatto di sangue, uno dei due artisti è moribondo mezzo dissanguato, l'altro è quanto meno sospettato visto che gli alterchi tra i due erano stati notati a cominciare dal famoso bicchiere in testa. Condotto alla caserma la mattina del 24 dicembre dal commissario, Gauguin pensa che l'unico che lo può trarre d'impiccio sia Theo. Quindi, dal commissariato dove è arrestato invita la polizia a telegrafare a Theo che sta lavorando nella Galleria di cui è direttore. Vincent se ne dorrà con Gauguin, rimproverandolo di aver scomodato il fratello nella lettera del 4 gennaio 1889, ma Gauguin fa telegrafare a Theo non tanto per comunicare lo stato di Vincent, ma perché ritiene, e come si vedrà giustamente, che Theo possa farlo scarcerare!

Avvertito dalla polizia. Theo prende il treno notturno e arriva a Arles il 25 dicembre a mattina. La stazione ferroviaria è vicinissima alla caserma di polizia. Theo parla subito con il commissario e forse anche con Gauguin. Capisce la situazione, è affranto per la condizione del fratello, ma coglie lucidamente anche l'estrema pericolosità di un episodio che distruggerebbe la carriera personale e commerciale di Gauguin.

Subito dopo la conversazione al commissariato, Theo continua la strada e va al centro della città dove Vincent è ricoverato all'ospedale.[54] Theo è vago su questo incontro, ma si capisce chiaramente che Vincent è fuori di sé e in preda alle allucinazioni: alterna i deliri della febbre a crisi di nervi. Intelligentissimo quanto concreto, Theo ha un'idea decisiva e crea la versione dell'auto-amputazione che fornisce alla polizia al ritorno dall'ospedale come se fosse stato lo stesso Vincent a fornirgliela. Mille sono le ragioni dietro questa scelta. il coinvolgimento penale di Gauguin non serve a nessuno, né aiuta a risolvere alcunché né a salvare un fratello che nonostante tutti gli eroici sforzi di Theo sembra ormai sprofondato nella follia.[55] La versione dell'auto amputazione fornita "ufficialmente" da Theo come quella di Vincent, scagiona invece Gauguin. Così, assolto e scarcerato, Gauguin torna di gran carriera con Theo a Parigi in treno la stessa notte del 25 dicembre (e si guarda bene dall'andare a trovare il moribondo in ospedale, altra cosa che farà soffrire Vincent e di cui parlerà nelle lettere). Gauguin lascia molte sue cose a Arles tra cui le sue armi da scherma, con cui certo non voleva farsi vedere per il paese dopo quello che era successo. Sorprende che nessuno a oggi abbia concatenato i fatti come li abbiamo descritti e in particolare il ruolo decisivo di Theo affidandosi invece con ingenuità alla versione interessata e auto assolutoria di Gauguin.[56]

A questo punto su quello che è avvenuto realmente rimangono solo due ipotesi, ma che nella sostanza convergono.

La prima è quella - più stringata - che ha formulato il commissario d'Ornano al momento dell'arresto di Gauguin. I due hanno litigato, si sono azzuffati con un rasoio in mano e nella colluttazione Vincent è rimasto ferito. Gauguin si è nascosto nella notte forse nella stessa casa di tolleranza e presentatosi al mattino alla casa gialla per prendere le sue cose, è arrestato in quanto corresponsabile.

La seconda è: i due sono in uno stato di febbrile tensione per innumerevoli ragioni e attriti, in particolare per l'abbandono di Gauguin dell'atelier del sud, ma la goccia che ha fatto traboccare il vaso è l'ultima arrogante sfida di Gauguin e riguarda una donna contesa. Gauguin dopo un gravissimo e cruento alterco va alla casa di tolleranza per stare con la ragazza in questione e sfidare anche sessualmente van Gogh. Van Gogh "impazzito" dalla rabbia, dalla gelosia, dalla frustrazione va a portare come ultimo atto di disperazione ai due amanti l'orecchio. Personalmente propendo a credere che ci sia stata una colluttazione nella casa gialla e che mentre Gauguin bloccava per i polsi van Gogh, il rasoio sulla spinta di forze contrastanti sia finito sull'orecchio di van Gogh tranciandoglielo. Ma anche se si trattasse di una auto amputazione, avvenuta quindi "dopo" l'alterco, la sostanza varierebbe solo dal punto di vista penale. In entrambi i casi emerge un terzo livello di tradimento e il ruolo a dir poco titanico nella tragedia che ha Gauguin.

Probabilmente già in treno Theo e Gauguin fanno il punto della situazione e decidono di far circolare una versione che vada bene a tutti. Una versione in particolare che censura "completamente" la presenza e il ruolo risolutore di Theo a Arles. Questa versione edulcorata tutta centrata sulla follia di van Gogh è contenuta nella lettera che Gauguin immediatamente arrivato a Parigi scrive a Bernard, probabilmente invitandolo a farla circolare oltre. Infatti Bernard - un ragazzo di appena vent'anni, sinceramente legato a van Gogh e che certo non poteva immaginare la complessità della questione - ricopia la lettera tale e quale e la spedisce al critico Albert Aurier, cioè alla stampa. Il povero van Gogh viene così inserito in un triangolo in cui viene letteralmente stritolato.

Il primo lato dice che Gauguin, pittore in via di affermazione, non è responsabile di nulla, perché van Gogh è sempre stato pazzo.

Il secondo lato del triangolo è l'assenza completa di ogni riferimento a Theo, pedina chiave della vicenda, che in quanto influente mercante d'arte legato a Gauguin, potrebbe essere danneggiato dall'episodio.

il terzo, è l'automutilazione, come continuamente Gauguin scriverà, che ovviamente risolve tutto richiudendo il triangolo su van Gogh pazzo.

Nel 1894 Gauguin si prodigherà per bloccare una mostra di van Gogh sostenendo che questa mostra danneggerebbe il movimento pittorico d'avanguardia, mentre è chiaro che danneggerebbe Gauguin stesso e che van Gogh deve essere dimenticato.[57]

Cristo degli ulivi

Vincent, lasciato solo da Theo e Gauguin all'ospedale di Arles, è dimesso il 26 dicembre dopo la cura alla mutilazione, ma è scosso subito dopo da una crisi tremenda di follia. È di nuovo ricoverato e da questo momento inizia il proprio calvario di malato di mente (Bakker 2016). Eppure, all'inizio di gennaio del 1889 sembra incredibilmente perfettamente guarito. Il 17 gennaio dipinge un capolavoro. Si guarda allo specchio con l'orecchio bendato, con il cappello di pelo e la pipa. Lo sguardo fermissimo, gli occhi tristi ma asciutti, la bocca serrata. Se si osserva il controllo ardito ma perfetto del colore colore (lo sfondo rosso e arancio, il berrettone blu di Prussia, la benda bianca - e innocente - che gli fascia la testa), se si osserva il disegno dei lineamenti, se si leggono le lettere di di questi giorni, è impossibile pensare si tratti di un "pazzo". Il pazzo agisce senza motivazioni e senza fini, il pazzo non riesce a far convergere in azioni coerenti il proprio mondo mentale, il pazzo ha allucinazioni che non convergono né producono "nulla". In van Gogh, al contrario, l'estrema capacità di guardare e sentire "converge" in opere di una intensità quasi irraggiungibile. Una intensità che è certo vicina al limite massimo di tensione, ma che sta tutta dentro una rappresentazione di grande pittura, e ha la forza intellettuale dell'arte.

Gauguin ritorna continuamente sul periodo di Arles. Dipinge più volte i girasoli che fanno pensare a van Gogh, si interessa morbosamente a fatti di sangue. In particolare con van Gogh in manicomio dipinge un inquietante Cristo nel giardino degli ulivi dai capelli dai capelli rossi e la fisionomia di Vincent. Gauguin sa che van Gogh è stato spinto nella follia da lui stesso. Emile Bernard scrive ripetutamente di van Gogh come un Cristo, con una "vita di sofferenza e di martirio".[58]

> Sui muri della stanza dove il suo corpo era disteso erano appese tutte le sue ultime tele. Formavano una sorta di aureola attorno a lui. La brillantezza del suo genio era irradiata da questi dipinti, rendendo la sua morte ancora più dolorosa per noi artisti. (...) Stavamo lì, completamente silenziosi attorno alla bara che conteneva il nostro amico. Guardai un suo dipinto. uno particolarmente bello basato sulla Pietà di Delacroix, era "La vergine e Gesù"...[59]

In sintesi, nella tragedia esplosa la notte del 23 dicembre 1888 Gauguin è il principale responsabile e ha tradito Vincent non in una ma in tre direzioni: l'assunzione della paternità dell'opera di van Gogh che non ha, l'abbandono di un progetto professionale cui i fratelli van Gogh credevano, l'amore di una donna.[60]

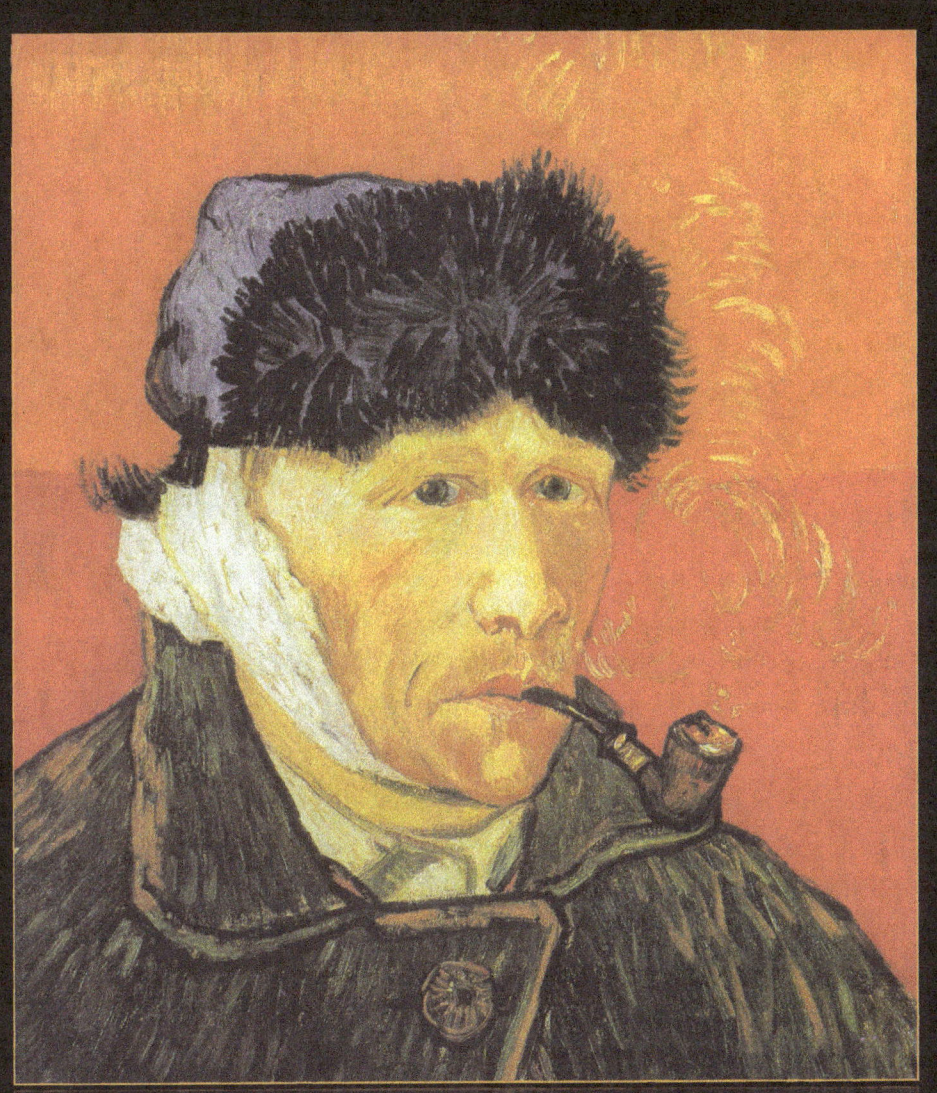

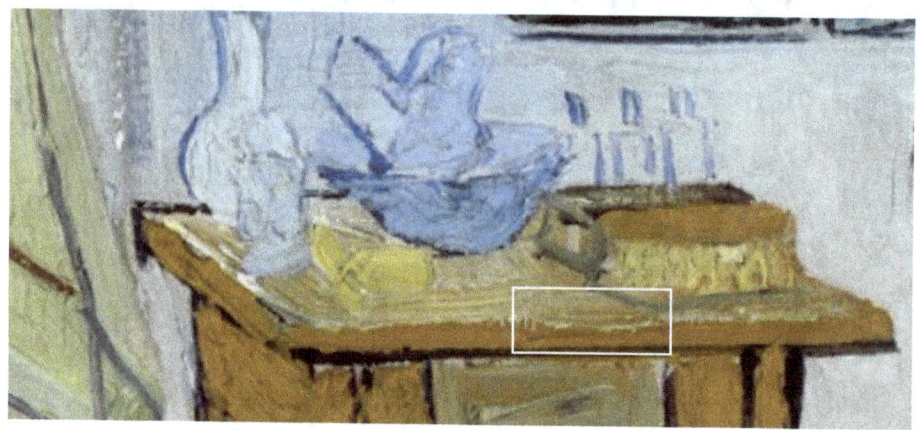

Il rasoio

Nella lettera descrivo la scena del dramma. La localizzo nella fase finale dei preparativi di partenza di Gauguin, preparativi che dovevano richiedere diverso tempo visto le ben nove settimane di permanenza. Ora dico che van Gogh prenda il rasoio dalla toletta. In nessuna delle ricostruzioni della camera, alcune estremamente dettagliate, vi è menzione del rasoio.[61] Ma se si guarda con attenzione il quadro e il dettaglio della toletta lo si può, secondo me, vedere. È del tutto comprensibile che la disgraziata arma, sia stata censurata dalle versioni successive del quadro.[62]

Un anno prima, quando i due fratelli si distaccarono dopo la convivenza parigina, Theo scrisse alla sorella: "Non è semplice sostituire un uomo come Vincent". La citazione proviene dalla lettera che potete leggere in nota[63] che contiene un altro decisivo segreto, ma non posso che rimandare a un libro più completo per trattare questo aspetto con tutta l'attenzione che merita.

La realtà della vita

Un altro capitolo della vicenda è, appunto, il rapporto con Rachel, rapporto molto più profondo di quanto si sia pensato.[64] Ora ecco gli avvenimenti certi. Attorno al 16 marzo del 1888 van Gogh scrive al fratello di aver assistito all'inchiesta su un crimine commesso davanti a una casa di tolleranza. Una rissa con ben due morti e continua:

Camera di Vincent, Dettaglio della Toletta, v. intero p. 24 F
482 JH 1608

> *ho approfittato dell'occasione per entrare in uno dei bordelli della stradina chiamata: des Ricolettes. Ecco a cosa si limitano le mie imprese amorose nei riguardi delle arlesiane.*[65]

Si noti la dizione «arlesiane» e non prostitute. Ora, è molto probabile che già il 12 marzo 1888 - la data dell'episodio descritto - Vincent abbia conosciuto Rachel. Ma non vi è alcuna certezza che Rachel sia effettivamente una prostituta, ma più probabilmente una cameriera minorenne che serviva bevande e puliva le stanze e non poteva esercitare. come sostiene Murphy 2016. La ragazza viene nominata esplicitamente sia nel giornale locale del 30 dicembre 1888 che dallo stesso Vincent nella lettera del 3 febbraio 1889.

> *Ieri sono andato a rivedere la ragazza dalla quale ero andato durante il mio smarrimento, mi dicevano che cose simili in questo paese non sono niente anomale: essa aveva sofferto di quello che [mi] era successo ed era svenuta, ma poi ha ritrovato la calma. E del resto si parla bene di lei.*[66]

Tralbaut sostiene che «il direttore del manicomio Saint-Paul-de-Mausole a Saint-Rémy-de-Provence, dichiarò che Vincent s'era recato spesso, in compagnia di Gauguin, a far visita a questa donna».[67] Una ulteriore conferma, questa, della rilevanza del rapporto tra Vincent e Rachel. Quanto dice il direttore inoltre conferma una cosa ovvia, che cioè anche Gauguin abbia conosciuto Rachel, ma soprattutto indirettamente la citazione conferma la forte plausibilità di altre due ipotesi. La prima, è il rancore di van Gogh verso il comportamento del sanguigno Gauguin verso una giovane che lui vagheggiava e che aveva conosciuto molto prima dell'arrivo di Gauguin. La seconda, visto che si tratta dello psichiatra di Vincent a Saint Rémy, è che una delle ragioni fondamentali per le gite a Arles durante il ricovero alla Casa di cura siano "proprio" andare a fare vista a Rachel. Durante il ricovero, infatti, van Gogh si recò a Arles quattro volte: a metà luglio del 1889, alla metà di novembre 1889, per due giorni, poi verso il 20 gennaio per due o tre giorni - un momento su cui torneremo diffusamente - e di nuovo nel maggio del 1890, prima di partire per Parigi. Ora, ci sembra molto plausibile che in queste occasioni tenti di incontrarsi con Rachel. Dopo una visita a Rachel, Van Gogh ha una crisi. Avviene il 4 febbraio 1889 (nel periodo in cui ancora viveva a Arles e di cui c'è nota nella lettera sopra riportata), dopo la gita del luglio 1889, dopo la visita del gennaio 1890. Insomma quasi tutte le crisi di van Gogh sono in rapporto a una gita a Arles e a un probabile incontro con Rachel che evidentemente lo stravolge emotivamente. Questi sono una serie di avvenimenti che testimoniano, anche se l'autocensura sulla vicenda nella corrispondenza è evidente, la rilevanza del rapporto.

Ma non basta, perché sono soprattutto i dipinti che parlano e contengono più di una prova della relazione. Dopo la visita alla Maison e la conoscenza con Rachel nel marzo del 1888 van Gogh ha una vera e propria esplosione di creatività. Sono i mesi dei molti dipinti dei frutteti in fiore e delle varie versioni del famoso ponte de Langlois. Il ponte è, in particolare, un soggetto a cui Vincent si avvicina romanticamente.[68] Uno di questi studi, dopo essere stato molto rovinato per la pioggia, non è da van Gogh coperto di biacca e ridipinto come in genere fatto i pittori ma ne è invece ritagliata una piccola parte da conservare: sono due innamorati che abbracciati camminano. Si notino i tratti distintivi delle figure. L'uomo ha un cappello giallo di paglia, esattamente come quello che van Gogh aveva e con cui si ritrasse molte volte. Come se non bastasse, indossa una blusa blu e van Gogh come si sa viveva praticamente in simbiosi con la propria casacca "jeans" da operaio-pittore. Può essere plausibile, oppure no che quel personaggio in aggiunta a essere un generico marinaio, sia la propria effigie? È così grande il salto da compiere? Inoltre la bella donna giovane che gli è accanto ed è vestita di un rosso sgargiante, ha una figura estremamente vicina a ulteriori raffigurazioni dei mesi successivi ed è appunto una arlesiana.

Secondo me poco importante è che nel frammento le figure siano «unicamente» quella del pittore o di Rachel. La cosa certa è che van Gogh conservi preziosamente il frammento. Il fatto che siano «soltanto» Vincent e Rachel non importa, è come se lo fossero. Nei mesi successivi a Arles, van Gogh dipinge almeno una mezza dozzina di quadri con coppie di innamorati. Uno è stato distrutto dai nazisti perché "degenerato" (F 485). Camminano in un campo di grano o sono nel parco pubblico mano nella mano in due casi l'uomo ha lo stesso abbigliamento che usava Vincent.[69]

Rachel e i misteri della stanza

E ora torniamo alla stanza di cui bisogna notare ancora ì una serie di dettagli con attenzione. Van Gogh manda a Theo il 16 ottobre del 1888 un primo disegno del quadro. Alle pareti sono schizzati due ritratti: uno – verso la finestra – maschile e uno, con frangetta e scialle, femminile. Al capezzale un nuovo ritratto, che è molto probabilmente quello della madre che ha appena realizzato da una fotografia. Il

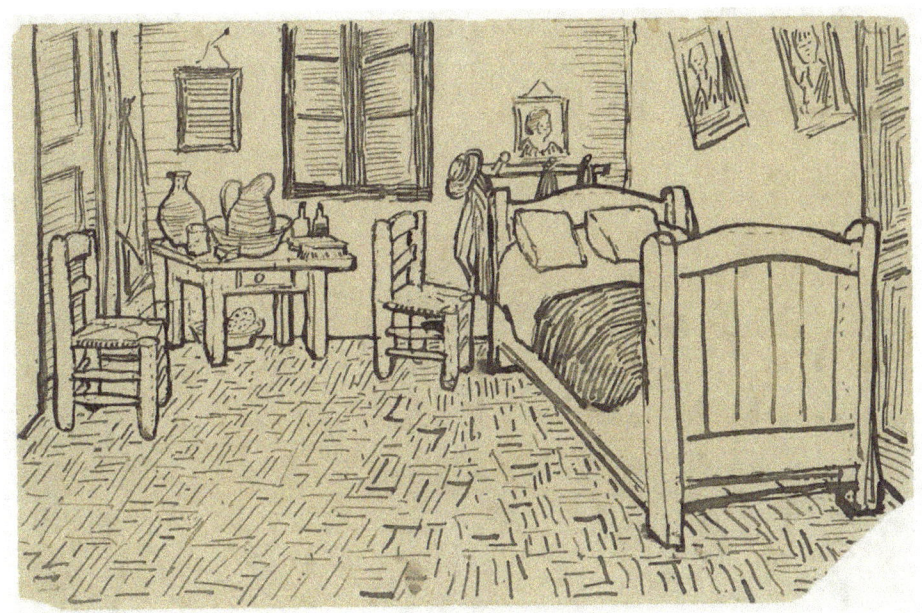

giorno dopo manda una lettera a Gauguin. Lo schizzo è modificato. Al capezzale del letto non c'è più il ritratto della madre, ma un albero, alle pareti di nuovo un ritratto maschile e uno femminile. Ma il quadro che realizza presenta ancora una modifica. Alla pareti appaiono questa volta in un caso Paul Milliet, amico e grande amatore e il pittore belga Eugène Boch, che per van Gogh rappresenta la figura di un poeta.[64] Sono evidentemente gli aruspici di un idea di amore (sensuale in un caso e spirituale nell'altro) riuniti nella camera. La camera presenta inoltre - come si diceva - un'altra serie di coppie: due disegni, due sedie e in particolare due guanciali.

Nel dipinto della metà ottobre del 1888 è scomparsa ogni traccia di figura femminile. È meglio evocare l'idea dell'amore più sottilmente, con i due ritratti alla parete, piuttosto che con una diretta presenza.[70] Ora però i dettagli dei quadri sono fondamentali. E si sa bene come i pittori nascondano proprio nei dettagli dei messaggi decifrabili solo da pochi. Infatti nessuno a quanto a me risulti se ne è mai soffermato. Ecco che cosa avviene. Il quadro della stanza ha subito alcuni danni.[71] Van Gogh vorrebbe ritoccarlo, ma Theo gli suggerisce di farne una copia perché ha paura che questo capolavoro si possa rovinare. Mentre è a Saint-Rémy, van Gogh riceve di nuovo il dipinto originale e ne fa una nuova versione. E si guardi cosa succede: alle

Schizzo della stanza,
Lettera a Theo 16
ottobre 1888 L. 705

a.

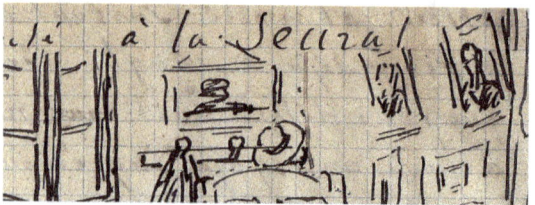

b.

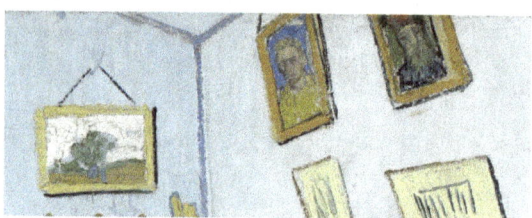

c.

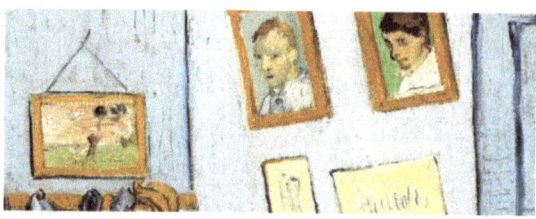

d.

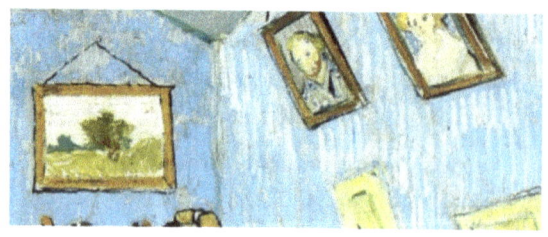

e.

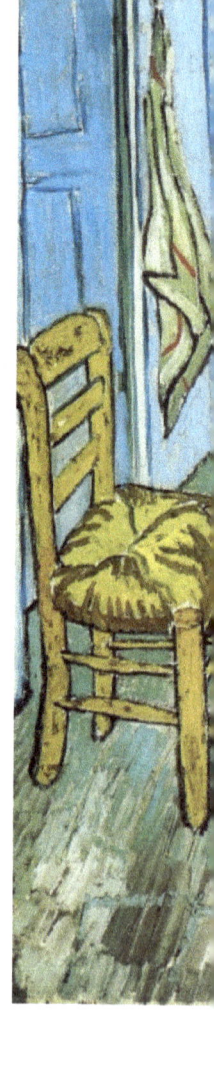

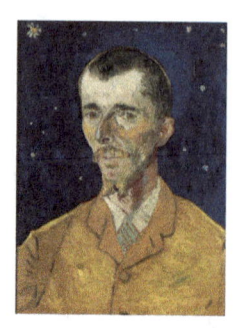 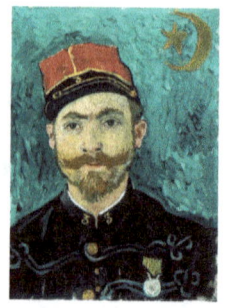

a. Dettaglio del disegno nella lettera a Theo 16.10.1888 L. 705
b. Dettaglio del disegno nella lettera a Gauguin 17.10.1888 L. 706
c. Camera di Vincent, dettaglio v. intero
d. *Camera di Vincent «per la madre»* dettaglio, Saint Rémy, settembre 1889 intero Museo d'Orsay, Parigi, 56.5x74 F 483 JH 1793 v p. 63
e, f. *Camera di Vincent* (...) dettagli, intero accanto p. 65 F 484 JH 1771

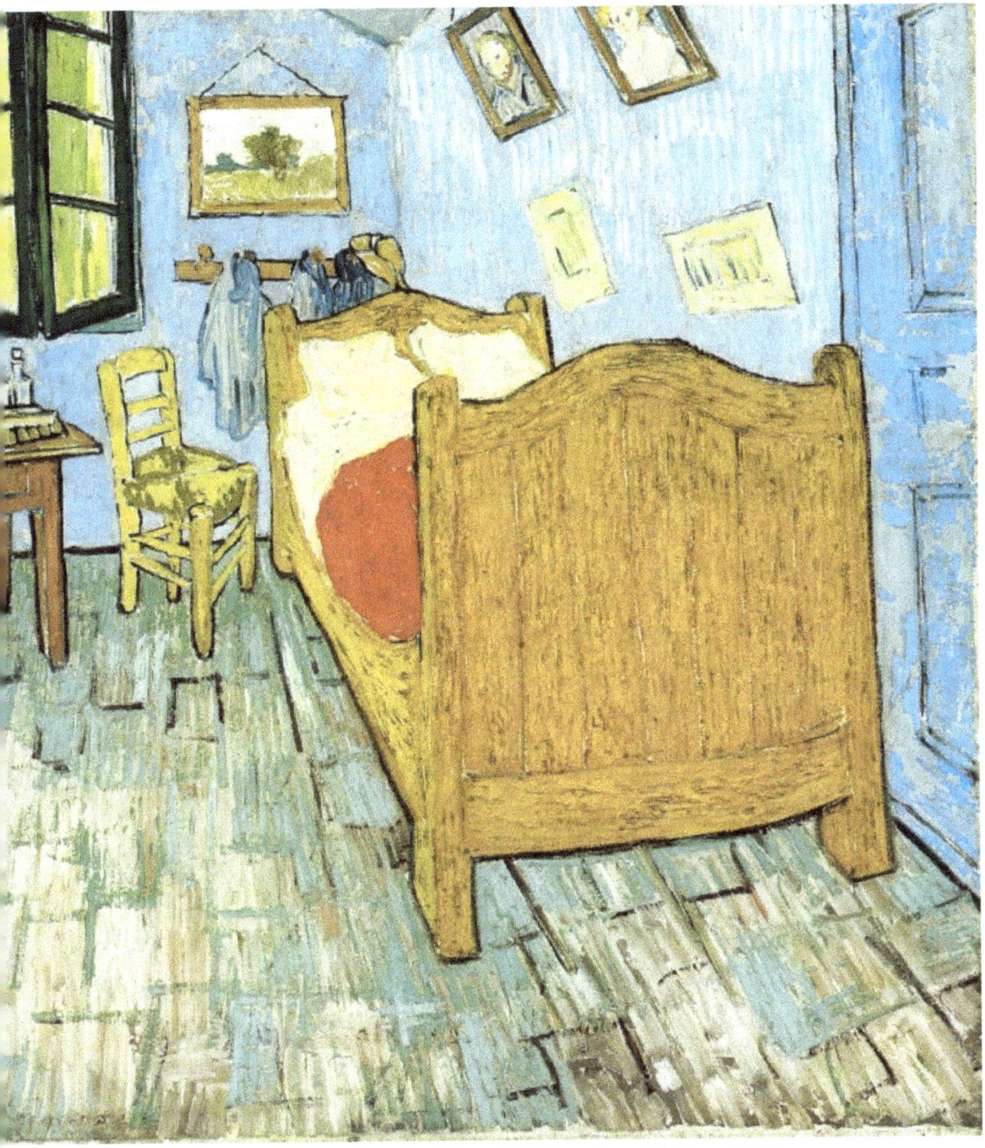

Ritratto di Eugene Boch «Il Poeta», Arles, c. 2 settembre 1888, Museo d'Orsay, Parigi, 45x60 F 462 JH 1574

Ritratto del Sottotenente degli Zuavi Paul Eugène Milliet, «L'Amatore», Arles, c. 25 settembre 1888, Kröller Müller Museum, Otterlo, 49x60 F 473 JH 1588

f.

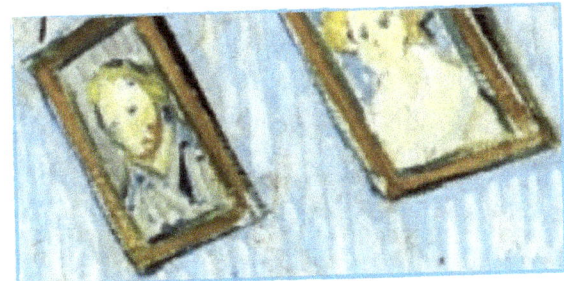

Camera di Vincent con autoritratto e figura femminile, «Il Bouquet», Saint Rémy, c. 1 settembre 1889, Art Institute, Chicago, 73x92 F 484 JH 1771

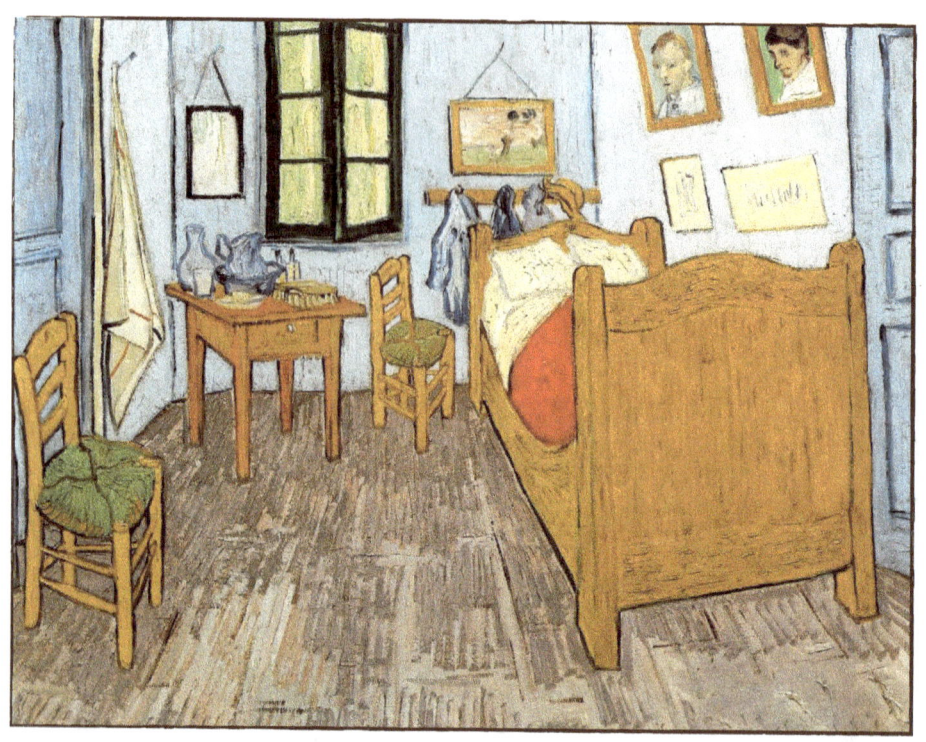

pareti non ci sono più i ritratti di Boch e di Milliet, ma bensì L'AUTORITRATTO che dipinge in quei giorni e poi, incredibilmente, il ritratto di una donna!. Si guardi CAMERA DI VINCENT CON AUTORITRATTO E FIGURA FEMMINILE, «IL BOUQUET», con la figura con i capelli rossi raccolti in alto e i lineamenti sottili. Possono esserci ragionevoli dubbi che questa donna posta accanto al proprio autoritratto, sia una donna amata? E che, dopo tutto quello che sin qui si è discusso, questa donna sia proprio Rachel?

Infine una controprova. Van Gogh dipinge anche una versione più piccola del quadro, per mandarlo in Olanda alla madre e alla sorella Wil. Ora si guardino ancora i dipinti alle pareti, sono ancora cambiati! In questa versione c'è un AUTORITRATTO SENZA BARBA (F 125) e l'immagine di una donna dai capelli scuri, probabilmente la stessa Wil. Si tratta di una impostazione domestica, per la madre e la sorella, piuttosto che una intima e personale.

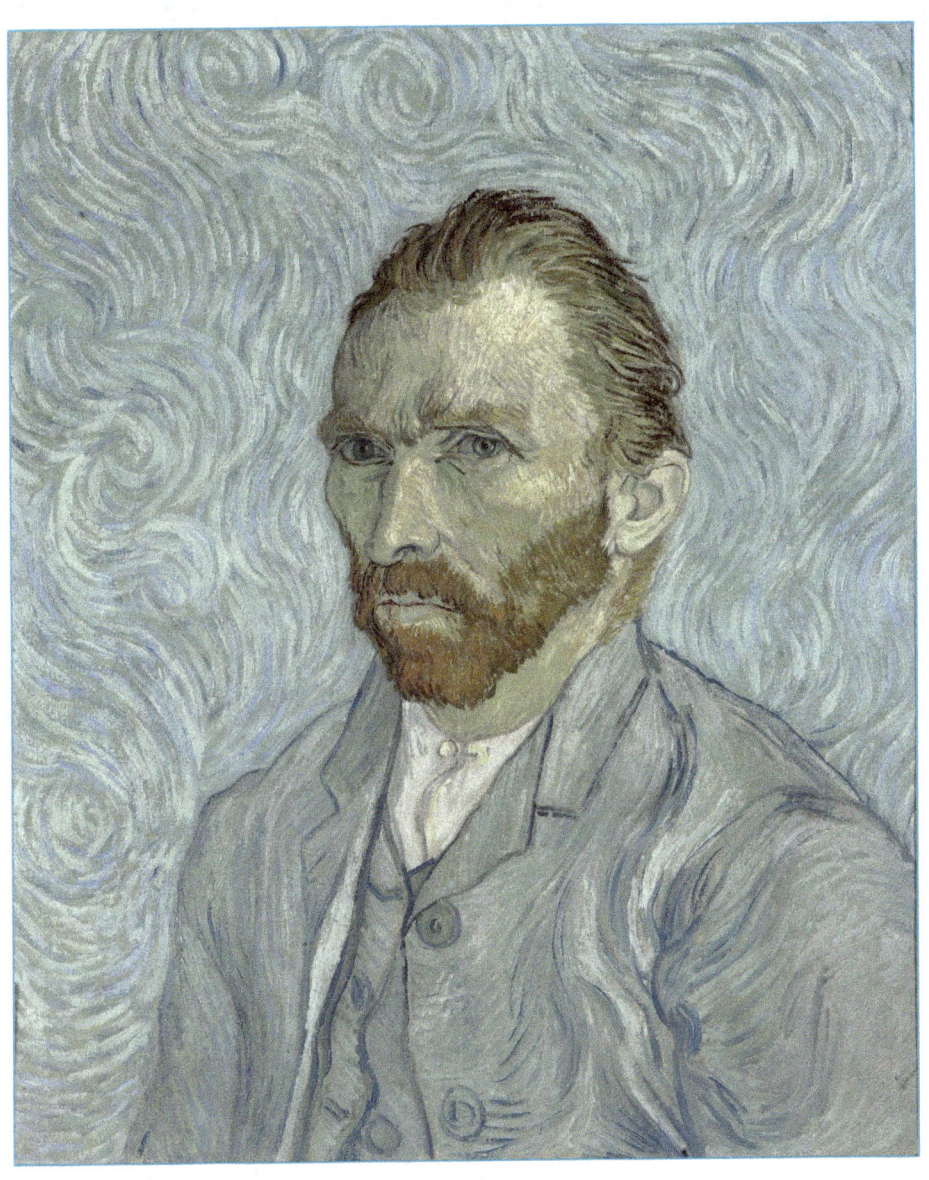

Camera di Vincent, «*Per la madre*», Saint Rémy, c. 18 settembre 1889, Museo d'Orsay, Parigi 56.5x74 F 483 JH 1793

Autoritratto», Saint Rémy,, settembre 1889, Museo d'Orsay, Parigi 65x54 F 483 F 627 JH1772

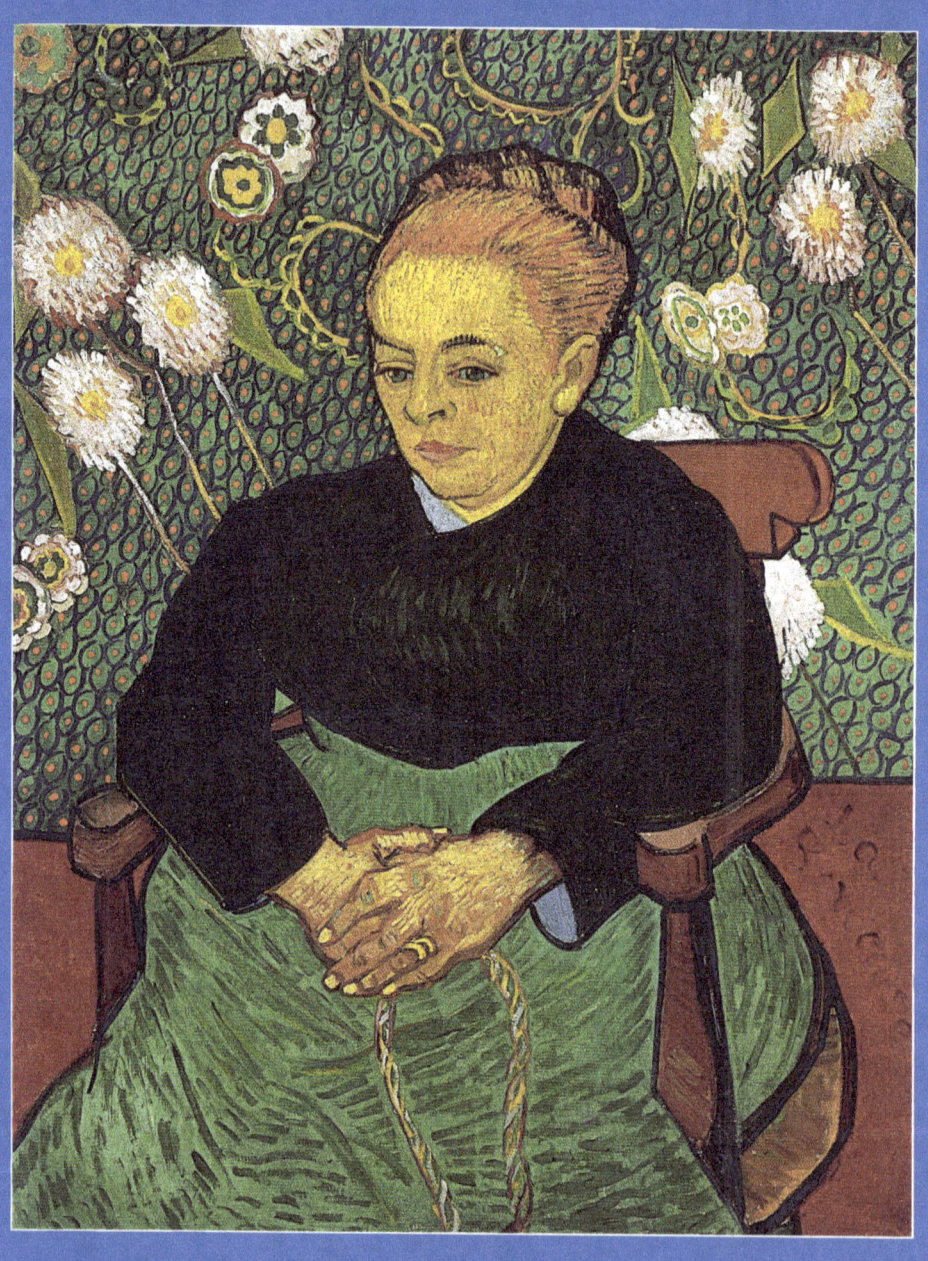

Madame Roulin, «La Berceuse», Arles, c. 23 dicembre 1888, 22 gennaio 1889, Museum of Fine Arts, Boston, 72x92 F 508 JH 1671

Le icone

Torniamo, dopo questa lunga inchiesta, alla pittura. A volte nell'arte, i fallimenti spiegano più chiaramente le ragioni delle opere riuscite. Van Gogh, nella notte drammatica del 23 dicembre, aveva un quadro sul cavalletto. Era il ritratto della signora Augustine Roulin, la moglie del suo amico Joseph, il postino socialista che ha dipinto più volte così come i membri della sua numerosa famiglia: il giovane Armand, il ragazzino Camille, la bebè Marcelle. Questo quadro si intitola LA BERCEUSE, la ninnananna. Van Gogh ne dipinse cinque versioni. Era quindi un quadro importantissimo perché, pur nel suo insuccesso artistico, è qui che si presenta esplicitamente quello che van Gogh cercava.

> *E perciò te lo devo dire - e tu lo puoi vedere nella Berceuse, per quanto quel tentativo sia mancato e debole - se avessi avuto la forza di continuare, avrei fatto dei ritratti di santi e di sante dal vero, e che sarebbero sembrati di un altro secolo, pur essendo gente di oggi avrebbero avuta un'intima parentela con i cristiani più primitivi.*[72]

La citazione rende chiaro l'intento. Vincent vuole creare delle icone. Il suo stesso primitivismo («sarebbero sembrati di un altro secolo»), il suo voler essere più reale del reale, il cercare di "animare" quanto dipinge, trova qui la sua dichiarazione. Van Gogh riesce nell'impresa con la camera, con le sedie, con i girasoli. Ne LA BERCEUSE troppo esplicito l'intento per riuscire. E un'altra citazione serve forse a chiarire sino in fondo. In tutt'altro contesto, ecco cosa scrive Vilém Flusser:

> L'universo delle immagini tradizionali, non ancora intorbidito dai testi, è un mondo di circostanze magiche. Un mondo dell'eterno ritorno dell'uguale, nel quale ogni cosa presta significato a un'altra e ogni cosa viene significata da un'altra: un mondo pieno di significati, pieno di dei. E attraverso questo mondo pieno di significato l'uomo vive l'ambiente circostante. Questa è la determinazione della vita nell'immaginazione: *tutto è gravido di significato e ogni cosa deve essere pacificata.*[73]

Si rifletta sulla citazione. Van Gogh infonde vita nelle cose, perché lì è, in termini artistici, la sua sfida. Gli oggetti catturano questo desiderio ed evocano magicamente delle presenze. Van Gogh aspira a un mondo drammaticamente pacificato. Come nella sua stanza, su cui mille volte insiste, cui vuole attribuire una sensazione di pace assoluta perché «tutto è gravido di significato e ogni cosa deve essere pacificata».

Fiori

Ma se vi è un dipinto che rivela in pieno il nodo terribile tra vita e morte, tra ricerca di speranza e irraggiungibile felicità è il quadro che van Gogh dipinge all'inizio di febbraio del 1889, a pochi mesi dalla morte.

Il 31 gennaio la cognata Jo comunica a Vincent la nascita di un bambino, cui si dà il nome di Vincent. Esiste un nuovo Vincent van Gogh. Dopo il fratello della lapide, dopo lui stesso, dopo lo zio ricco, ecco un nuovo arrivo. E van Gogh dipinge pazientemente un quadro struggente, un omaggio alla vita. Alla vita del bambino e a quello della coppia felice di Theo e di Jo Bonger. Il quadro è per il loro capezzale.

Ora, guardatelo questo quadro. Entrate nelle foglie, osservate i colori, seguite i petali e non avrete dubbio alcuno. Vincent fa vivere questi fiori, come aveva fatto vivere la sua stanza, i girasoli, la Bibbia. Ma la nuova vita è anche la propria condanna. Perché con il bambino e le nuove responsabilità economiche che la famiglia comporta può Vincent ancora imporre a Theo la propria esistenza?

Mentre dipinge il quadro ha una crisi acuta, ma dopo appena una settimana si rimette e ricomincia il lavoro, ma poi arriva ancora una crisi, la sua più spaventosa e lunga. A metà maggio lascia la casa di cura. Si reca a Parigi a trovare la giovane coppia e conosce il bambino di pochi mesi. Poi prende il treno e va ad alloggiare in una locanda di Auvers-sur-Oise, paese di campagna a una trentina di chilometri appena da Parigi. Vi abita lo psichiatra dr. Paul Gachet, amico di molti pittori impressionisti e che lo dovrebbe assistere. Dipinge un numero di opere e di disegni esorbitante. Sono un ultimo inno, poi il 27 luglio. Muore nelle braccia di Theo due giorni dopo.

> *L'amore è qualcosa di così positivo, di così forte, di così vero che per chi ama, soffocare il proprio sentimento sarebbe come togliersi la vita.* [74]

Alla fine di settembre Theo e Jo organizzano in casa propria una mostra delle sue opere grazie anche all'amico Emile Bernard che vi si prodiga. La casa è piena, vengono gli amici pittori, i critici, i quadri sono accostati come Vincent li voleva. Durante il periodo della mostra, Theo ha una crisi terribile ed entra in catalessi, anche lui è impazzito. Muore a febbraio, sei mesi dopo il fratello, a soli 34 anni.

Alla cognata Jo e poi al nipote Vincent, la grande avventura di fare conoscere il suo lavoro al mondo. È la vita che vince sempre sulla morte. E quella di Vincent e di Theo è con noi: è nostra.

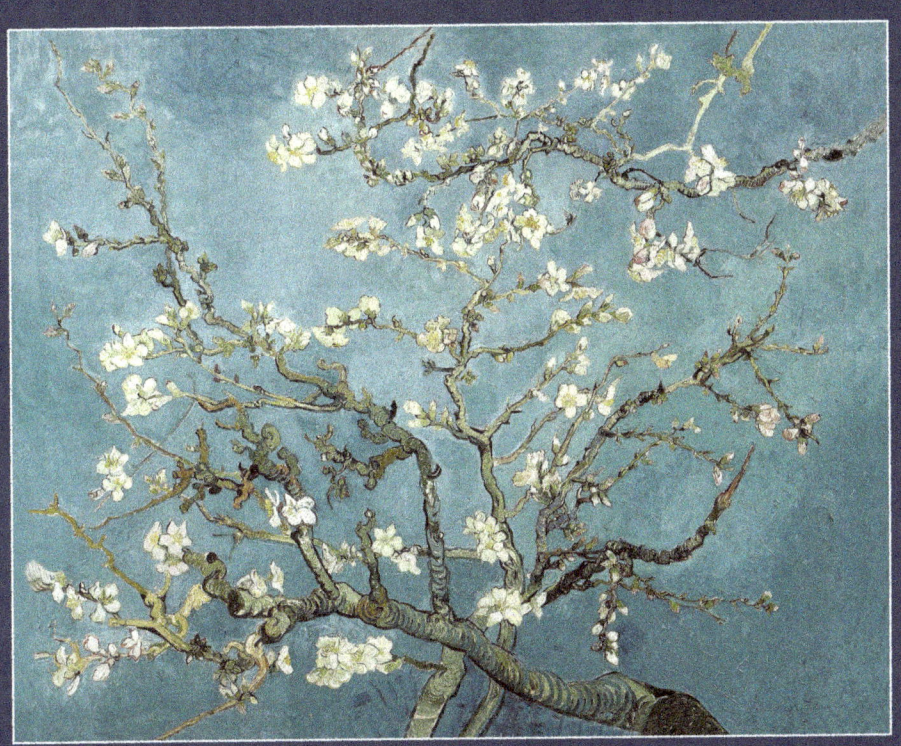

Rami di mandorlo in fiore, Saint Rémy, 1 febbraio, 18 febbraio c. 1890, van Gogh Museum, Amsterdam 73x92 F 671 JH 1891

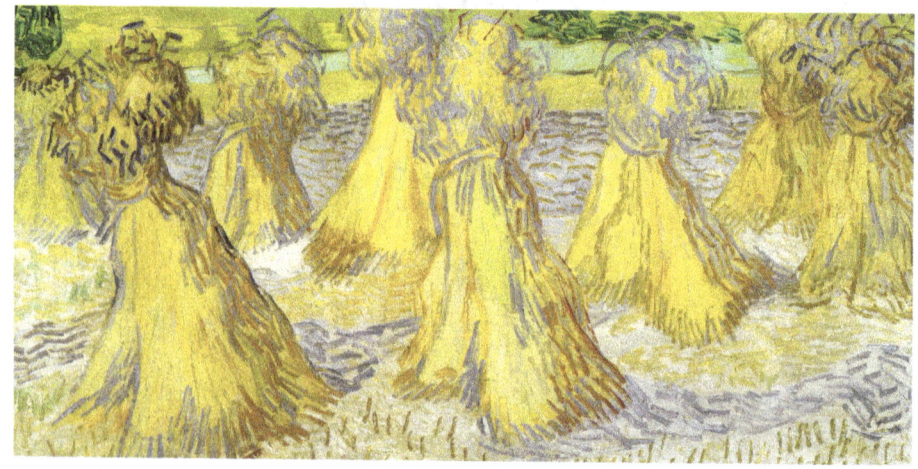

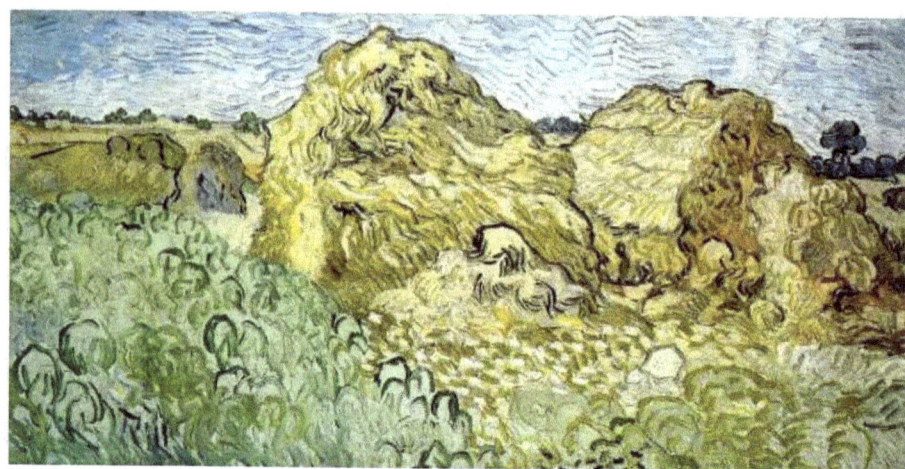

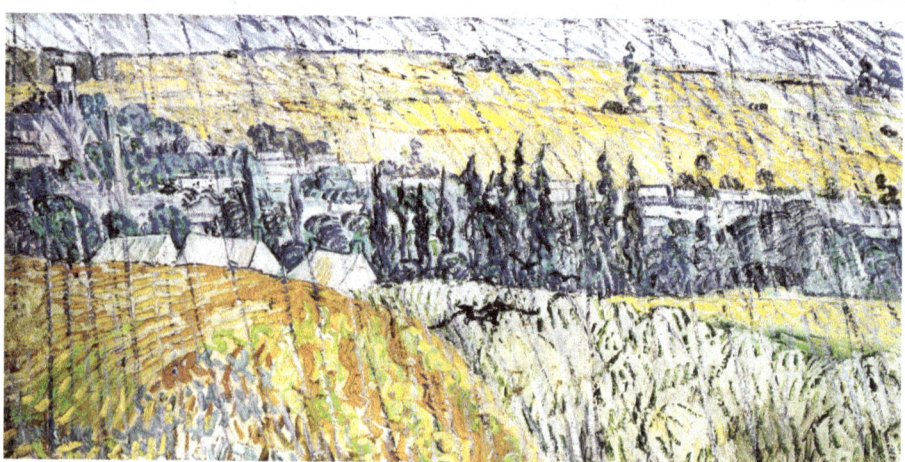

Covoni di grano, Auvers-sur-Oise, luglio 1890, Museum of Art Wendy and Emery Reves Collection, Dallas, 50x100 F 771 JH 2125

Campo di grano con covoni, Auvers-sur-Oise, luglio 1890, Foundation Beyeler Riehen, Basilea, 50x100 JH 2098

Paesaggio sotto la pioggia, Auvers-sur-Oise, c. luglio 1890, National Museum of Wales, Cardiff, 50-x100 F 811 JH 2096

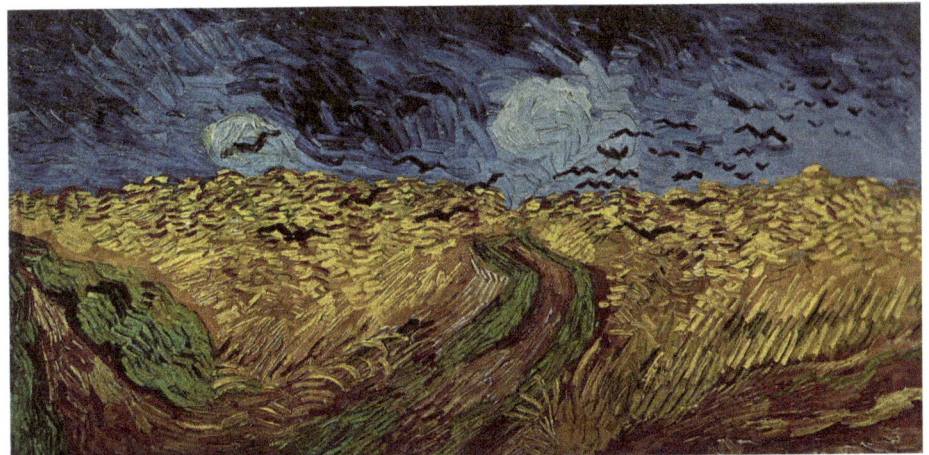

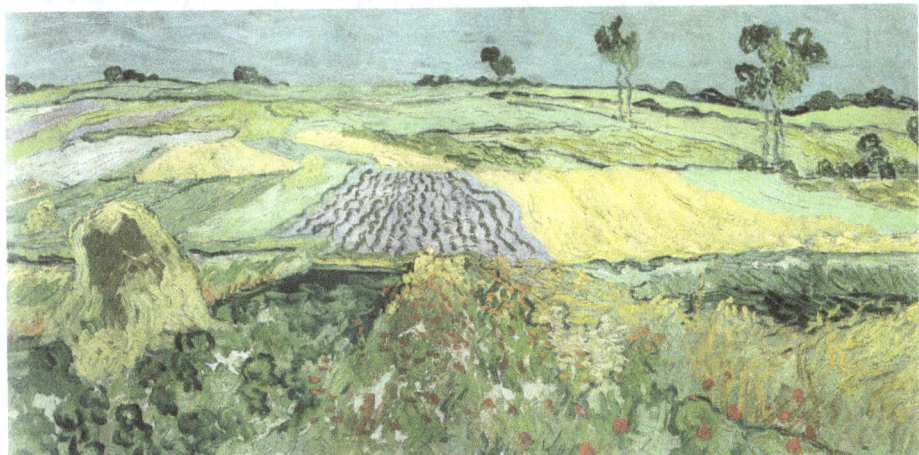

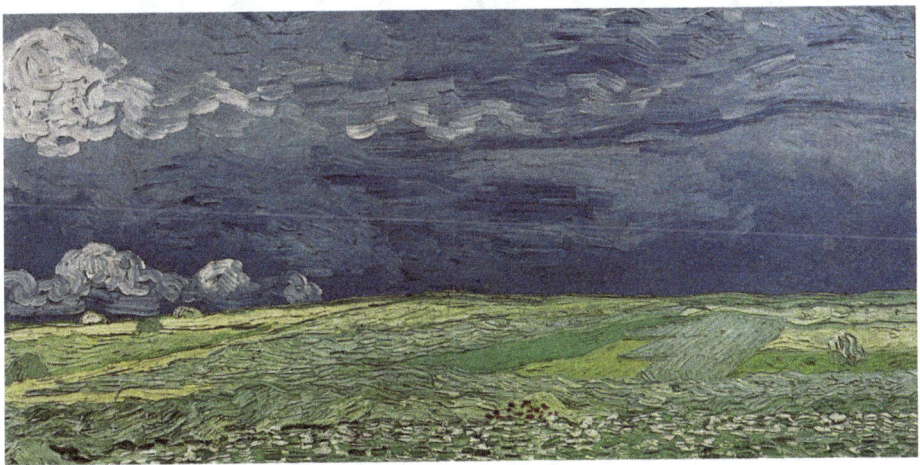

Campo di grano con corvi, Auvers-sur-Oise, c. 8 luglio 1890, van Gogh Museum, Amsterdam, 50x100 F 779 JH 2177

Vista della pianura di Auvers, Auvers-sur-Oise, c. 23 giugno 1890, Österreichische Galerie Belvedere, Vienna, 50x100 F 775 JH 2038

Campo di grano sotto un cielo tempestoso, Auvers-sur-Oise, c. 9 luglio 1890, van Gogh Museum, Amsterdam, 50x100 F 778 JH 2097

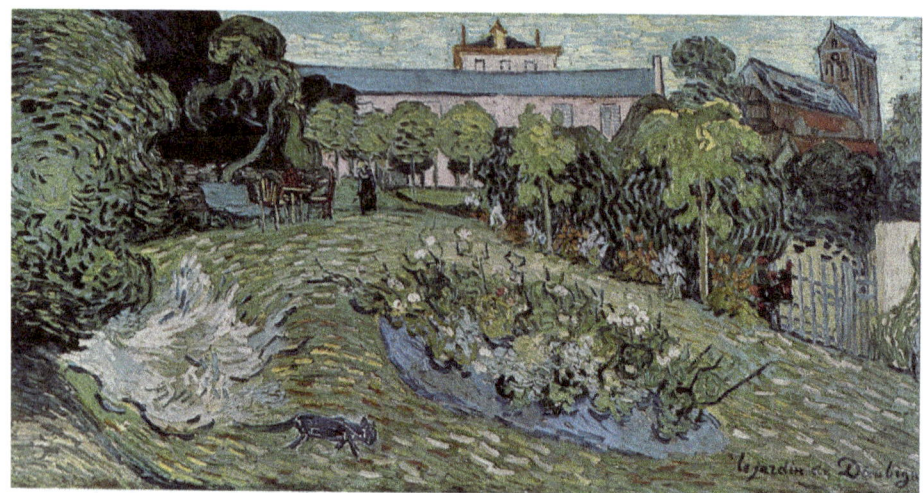

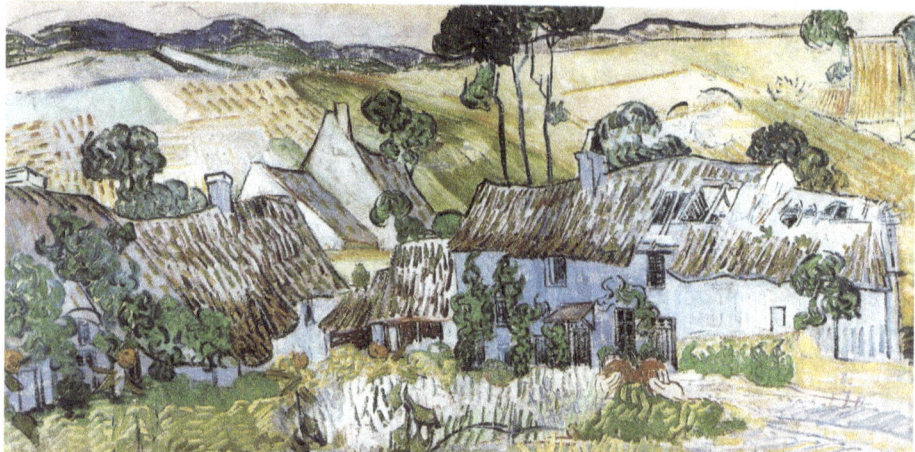

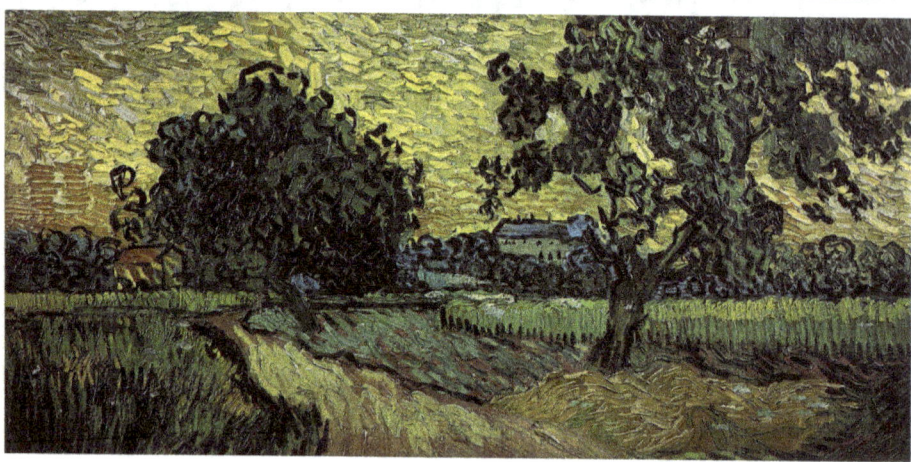

Il giardino di Daubigny, Auvers-sur-Oise, c. 20 giugno 1890, Collezione Staechelin, Basilea, 50x101,5 F 777 JH 2105

Cascinali, Auvers-sur-Oise, luglio 1890, Tate Gallery, Londra 56x51.5 F 793 JH 2114

Alberi al tramonto con il castello di Auvers, Auvers-sur-Oise, c. 18 giugno 1890, Art Museum, Cincinnati, 50x100 F 770 JH 2040

La locanda

All'indomani della morte di Vincent, avvenuta nella notte del 29 luglio 1890, nella soffitta dell'Auberge Ravoux che lo ospitava furono rinvenuti pochi averi; tra questi, spiccavano due lettere *mai spedite*. La prima, datata 23 luglio e indirizzata al fratello Theo, rappresenta l'ultima pagina di quell'epistolario straordinario più volte citato in questo libro[75]. La seconda, del 17 giugno, era destinata a Paul Gauguin: una prova tangibile di come, nonostante il dramma dell'orecchio reciso, il dialogo ideale con l'amico fosse rimasto un riferimento costante nella mente dell'artista. Come abbiamo detto neanche questa missiva fu mai inviata e rimase dentro la giubba di Vincent per trentacinque giorni di febbrile lavoro ad Auvers. In essa viene descritto minuziosamente un dipinto che si distingue per una caratteristica singolare: non è tratto dal vero, come d'abitudine per van Gogh, e cela, ancora una volta, un segreto[76].

La lettera

La missiva si apre con l'accurata descrizione di un ritratto eseguito nel maggio del 1890: la quinta versione di L'arlesiana' (F 542). Il numero stesso di varianti, pressoché identiche tra loro, testimonia l'assoluta rilevanza del soggetto per l'artista. L'opera ricalca fedelmente un disegno che Gauguin aveva eseguito dal vero nel novembre del 1888, quando la signora Marie Ginoux — moglie del barista e affittacamere Joseph Ginoux (v. p. 67— posò per entrambi nello studio di Arles. Se in quell'occasione Gauguin completò il disegno in un'ora, van Gogh dipinse nello stesso tempo un ritratto a olio con la consueta, febbrile rapidità. Il quadro conservato originariamente al Jeu de Paume fu l'oggetto di un'appassionata esegesi di Lionello Venturi (Le vie dell'Impressionismo, Einaudi 1972) Inviando questa descrizione, Vincent intende trasmettere all'amico, innanzitutto, un profondo desiderio di "condivisione":

> se lei vuole è quasi una sintesi di arlesiana, e siccome le sintesi di arlesiane sono rare, la consideri *un'opera sua e mia* [corsivo ns] come risultato dei nostri mesi di vita comune. Per farlo ho pagato da parte mia ancora un mese di malattia"[77]

Van Gogh ha pagato un mese di malattia perché – come vedremo — provò a regalare il ritratto alla signora Marie ad Arles nel febbraio del 1889 sen-

Facsimile della Lettera a Gauguin del 17 giugno 1889 in van Gogh 1959 III p. 289 e van Gogh 2009 v. V p. 322

za riuscirci. Ovviamente il quadro della signora, ripetuto cinque volte, la seduta di posa compiuta nel piccolo studiolo della casa gialla e forse anche altre immaginazioni rappresentano per lui *una vera ossessione patologica*. Ma lasciamo ad altra occasione la questione e concentriamoci sulla parte più importante della lettera. Una lunga descrizione di un paesaggio con figure, STRADA CON CIPRESSO SOTTO UN CIELO STELLATO. Anche questo quadro è del maggio 1890 — più di un mese precedente rispetto alla lettera — ed è uno degli ultimi quadri realizzati a Saint-Rémy-de-Provence. La disamina che Vincent ne fa è tra le più lunghe e minuziose mai scritte dall'artista, a conferma dell'importanza del dipinto, il cui valore è ribadito da uno splendido schizzo allegato al testo. Ecco le parole rivolte a Gauguin:

> Ho ancora laggiù un cipresso con la stella, un ultimo tentativo, - un cielo notturno con una luna senza splendore, una falce sottile che emerge dall'ombra opaca proiettata dalla terra, - una stella con uno splendore esagerato, se vuole, uno splendore dolce di rosa e verde in un cielo oltremare sul quale corrono le nuvole. In basso una strada bordata di alte canne gialle, dietro le quali delle Alpi basse azzurre, una vecchia locanda con le finestre illuminate arancione e un altissimo cipresso dritto e cupo. Sulla strada una carrozza gialla tirata da un cavallo bianco e due ritardatari che camminano. Molto romantico se vuole, ma credo anche molto provenzale. Credo che inciderò ad acquaforte quello studio e altri paesaggi e soggetti, ricordi di Provenza, e allora me ne farò una festa di regalargliene uno, tutto un riassunto un po' pensato e studiato.[78]

È stata posta in evidenza una differenza tra il dipinto e lo schizzo:

> In uno schizzo del dipinto eseguito per Gauguin, Vincent accentuò la somiglianza dei due 'ritardatari', che bastone alla mano avanzano di pari passo: per l'ultima volta egli si ricongiungeva idealmente a Gauguin, con un dipinto che commemorava il loro pellegrinaggio al sud" (Druick 2001).

Concordiamo con gli autori: van Gogh vuole sottolineare prima con il ritratto "comune" dell'arlesiana e poi con la scena dei viandanti l'esperienza dei due pittori in Provenza. Ma questo è solo un tema dichiarato esplicitamente nel dipinto. In realtà tutto il quadro è pervaso dal tema della coppia.

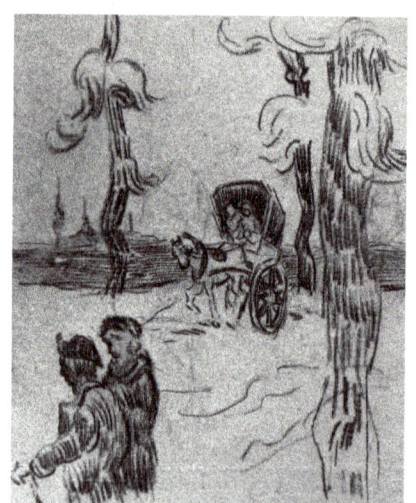

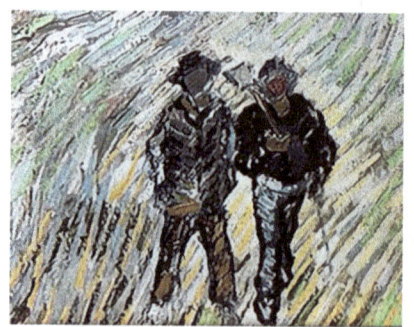

Coppie

I due "ritardatari" menzionati nella lettera e delineati nello schizzo divengono l'emblema del cammino condiviso da Gauguin e van Gogh: un sodalizio che si dispiega tanto nella pratica artistica quanto nelle lunghe perlustrazioni nelle campagne di Arles alla ricerca di nuovi soggetti. Tuttavia, osservando il dipinto finito, si avverte una netta censura: l'effigie dei due pittori svanisce, lasciando il posto a quella di due contadini. Nella sua lettera, van Gogh altera la realtà del quadro, offrendo a Gauguin una narrazione che diverge profondamente dall'evidenza del dipinto. Ci si chiede allora se la sua sia una deliberata *captatio benevolentiae* o se tale discrepanza sottenda ragioni più profonde. Naturalmente di questo si tratta come vedremo. Un'ulteriore dualità nel dipinto è costituita dal binomio stella-luna ai lati dell'imponente cipresso, oltre alla coppia formata dalla stella maggiore e quella minore sul margine sinistro, identificate rispettivamente come Venere e Mercurio[79]. Tuttavia, confrontando minuziosamente lo schizzo con l'opera compiuta, emerge un'altra sorprendente divergenza.

Se nello schizzo il calesse è condotto da un uomo solo, nell'opera compiuta vi appare una coppia[80]. Ingrandendo il dettaglio dei passeggeri, si distinguono chiaramente una donna in cappellino e camicetta e un uomo dalla barba rossa vestito d'azzurro[81]: un'effi-

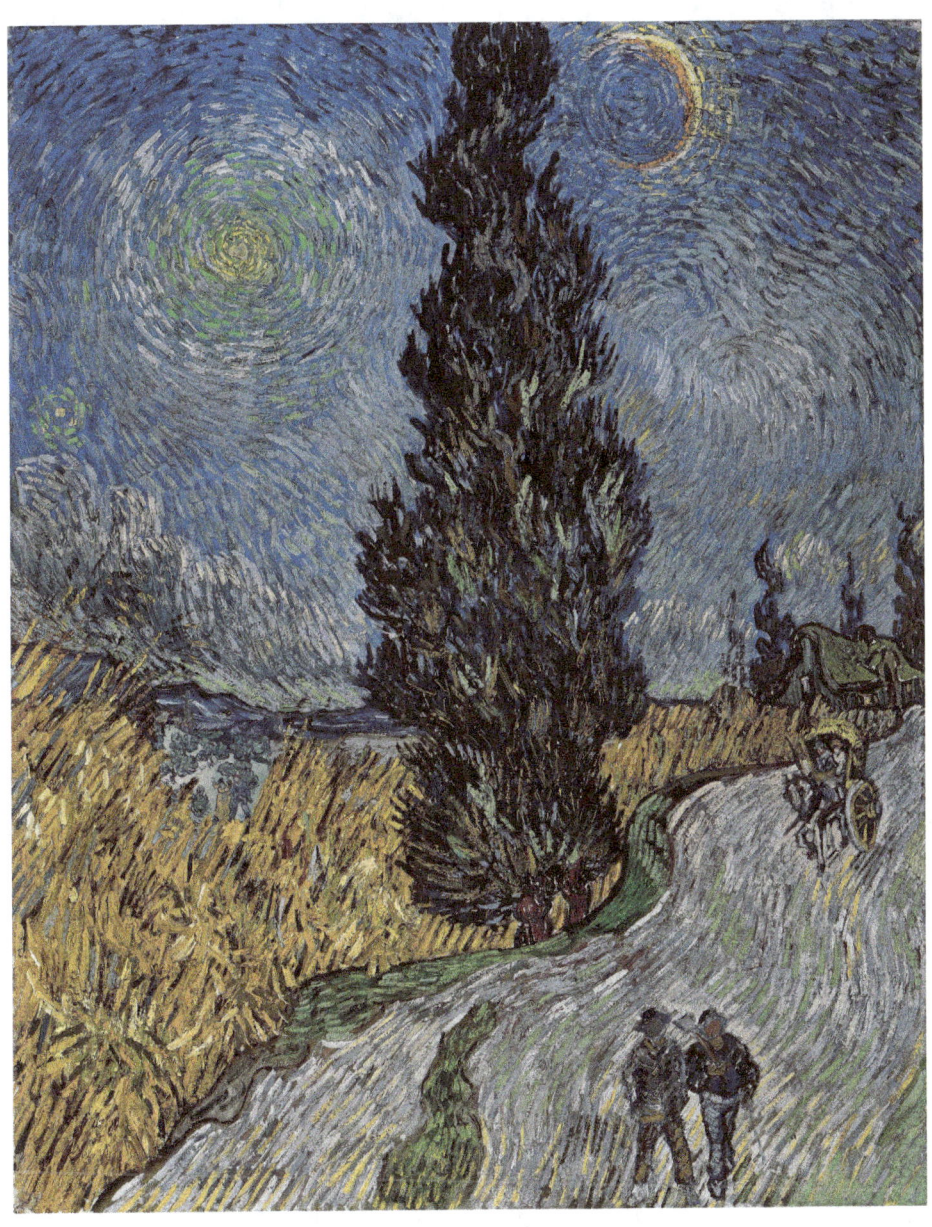

Schizzo di van Gogh nella Lettera a Gauguin del 17 giugno 1889 in van Gogh 1959 v. III p. 289 e van Gogh 2009 v. V p. 322

Calesse con due figure su una strada, 1890 28,5 x 23,5 cm Museo van Gogh Amsterdam F 1587. JH 969

Strada con cipresso sotto un cielo stellato (dettaglio dei contadini)

Strada con cipresso sotto un cielo stellato, Saint-Remy, 12-15 maggio 1890 c., Kröller-Müller Museum, Otterlo, 50x100 cm F 683 JH 1982

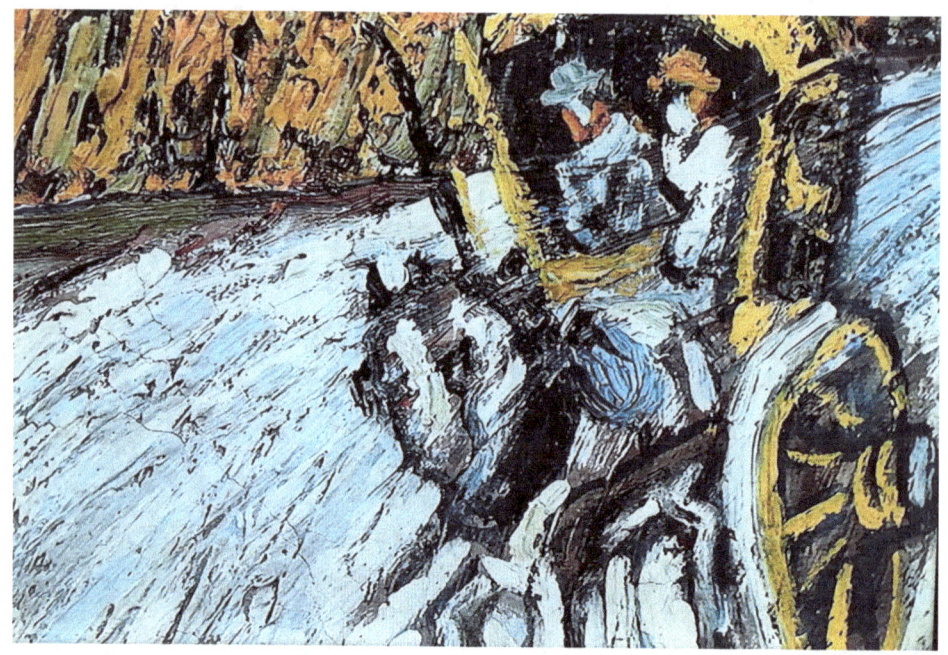

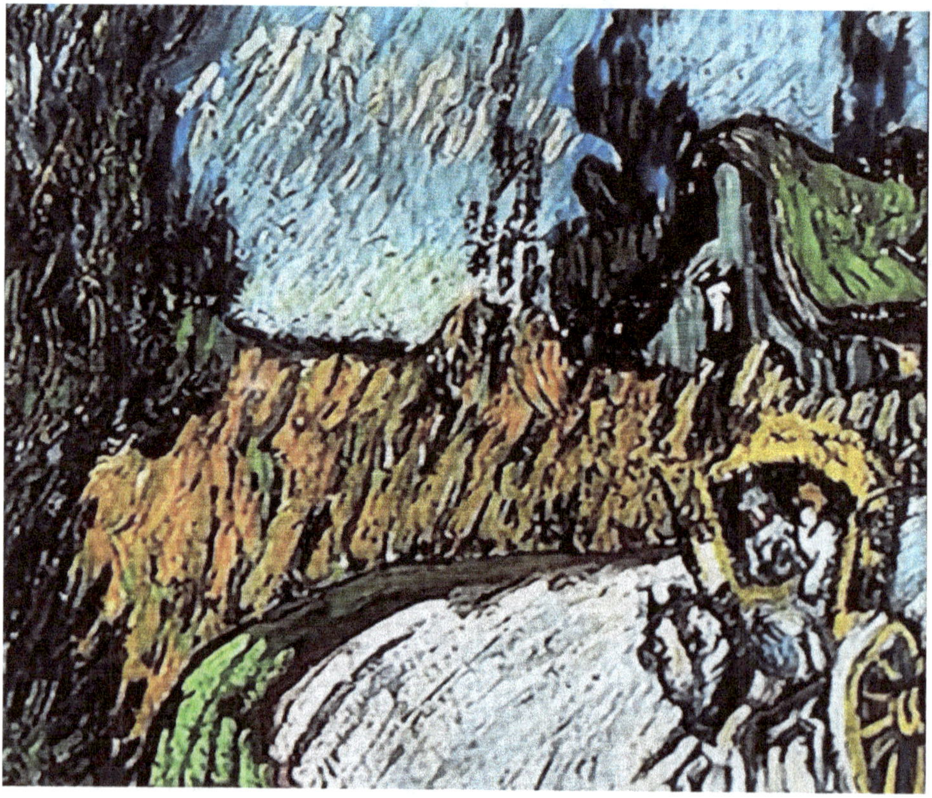

gie, quest'ultima, in cui è impossibile non riconoscere Vincent, qui inequivocabilmente accompagnato da una figura femminile. Inizia così a delinearsi il senso profondo di quanto van Gogh scriveva nella lettera citata: «tutto un riassunto un po' pensato e studiato...». Confermando come dietro l'apparente immediatezza della tela si nasconda un'intenzionalità densa di significati. Molto di "pensato", si nasconde veramente in questo quadro.

Un ulteriore dettaglio emerge dal confronto tra l'opera e la sua descrizione epistolare. Vincent è molto preciso riguardo all'edificio in alto a destra, specificando che non si tratti di una comune dimora rurale, bensì di una «vecchia locanda». È un particolare di rilievo sul quale si tornerà in chiusura; tuttavia, prima di svelare i significati celati dietro lo sguardo immediato, è necessario soffermarsi sull'impianto compositivo e cromatico del dipinto.

Composizione

L'opera appartiene a un ciclo di circa dieci dipinti eseguiti «a memoria» o, per usare il termine prediletto da Gauguin e van Gogh, «astrazioni». Si tratta di un metodo compositivo caro soprattutto a Paul Gauguin; basti citare il celebre Visione dopo il sermone (1888), dove la realtà della platea e l'immaginazione del miracolo convivono nello stesso spazio pittorico. Stimolato dal confronto con Gauguin, van Gogh tentò di percorrere la strada dell'astrazione — si vedano SPETTATORI NELL'ARENA DI ARLES (F 548) e LA SALA DA BALLO AD ARLES (F 547) — ma è nel RICORDO DEL GIARDINO DI ETTEN (F 496)[82] che ha toccato forse aspetti rimossi della sua biografia. In quest'opera, Vincent rievoca le figure della madre e delle due sorelle in un ritorno mnemonico, quasi a voler ricucire, attraverso il filtro del sogno, una biografia segnata dalla distanza e dal suo eterno peregrinare. Per van Gogh, l'esercizio del dipingere «a memoria» non fu mai un'operazione serena: la rinuncia al contatto diretto con il reale innescava in lui una forzata introspezione, riportando a galla pensieri cupi, frustrazioni e antichi tormenti. Senza l'ancora della natura davanti agli occhi, la sua pittura finiva per farsi specchio di una biografia dolorosa, trasformando la tela in un luogo di crisi dove riemergevano, prepotenti, i fantasmi del passato.

Strada con cipresso sotto un cielo stellato (dettaglio della "antica locanda")

Strada con cipresso sotto un cielo stellato (dettaglio del calesse con una figura maschie e una femminile)

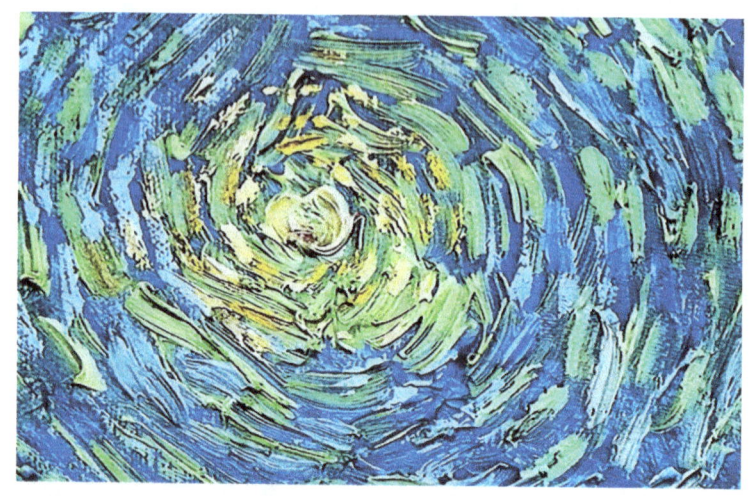

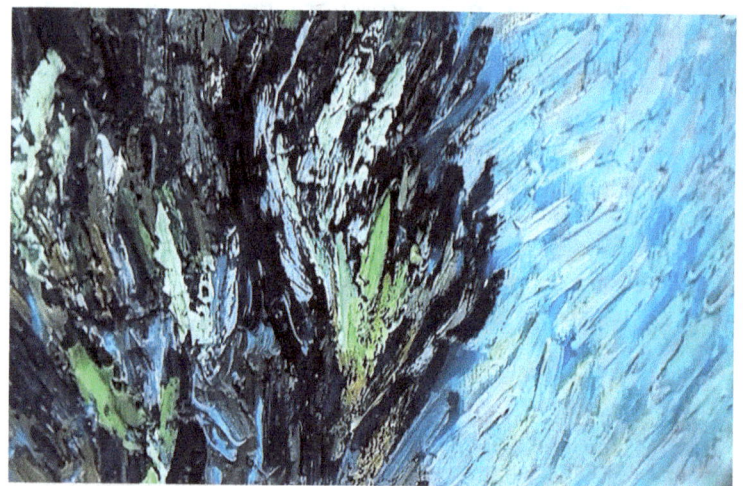

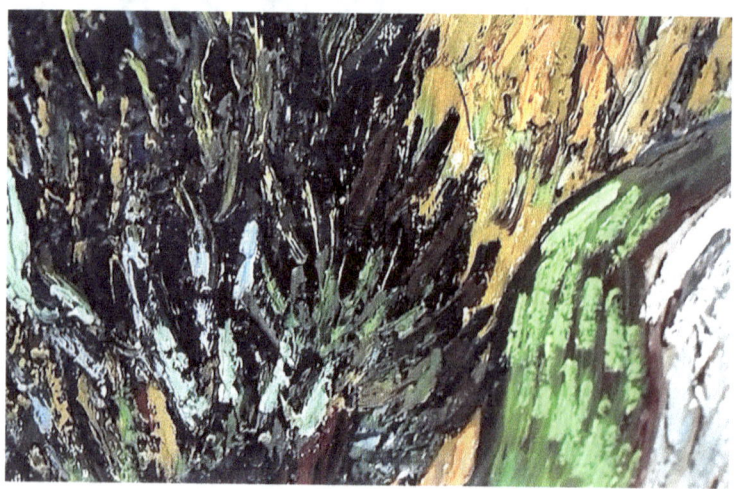

Strada con cipresso sotto un cielo stellato (dettaglio della stella, in alto, del cipresso al centro, del ciglio della strada sul campo in basso)

> Lavorare in maniera rapida e dal vero gli consentiva di rendere la realtà, la propria esperienza soggettiva e, parallelamente, di perdere la coscienza di sé attraverso l'immersione totale nella pittura. Dipingere a partire dall'immaginazione gli precludeva tale evasione, in un certo senso capovolgendola." (Druick 2001 p. 201)

Nel periodo di Saint-Rémy questi ricordi tormentosi riguardavano la lontana Olanda e anche STRADA CON CIPRESSO SOTTO UN CIELO STELLATO nonostante da dichiarazione di una van Gogh voleva veramente creare "tutto un riassunto" della sua esperienza in Provenza nasconde - come vedremo - un messaggio ben più complesso e doloroso di quello che potrebbe apparire a prima vista. Ma soffermarci ora sul dato pittorico.

Colpisce la audacia prospettica, giocata sul contrasto tra l'andamento della strada, quasi colta dall'alto, e la visione frontale dei personaggi. Ancor più rara è la struttura bipartita della tela: un gigantesco cipresso taglia verticalmente la composizione, una scelta compositiva quasi estrema, giustificata forse solo dalla profonda identificazione simbolica tra il pittore e l'albero.

Ma è nel cromatismo che l'opera raggiunge vette sublimi. Il turbinio di luce che avvolge la stella di sinistra è un miracolo pittorico: il giallo si trasforma in un etereo verde cinabro, per poi accendersi di frammenti bianco-rosa. Lo stesso cipresso vibra di vita, intessuto di pennellate azzurre che sembrano assorbire l'atmosfera del cielo. Infine, il margine ondulato tra il campo e la strada restituisce tutta la forza del Mistral: quel vento impetuoso che scuote la Provenza e con cui van Gogh lottava corpo a corpo, ancorando il proprio cavalletto alle rocce per riuscire a dipingere nonostante tutto.

Un dittico

Soffermiamoci ora su due dettagli rivelatori: la locanda e il calesse su cui siede van Gogh insieme a una misteriosa figura femminile. La chiave di lettura di questi elementi è resa più evidente nel legame con un'altra opera coeva, con la quale il quadro sembra formare un dittico indivisibile[85]. Entrambi i lavori appartengono alla fase finale del soggiorno a Saint-Rémy: van Gogh è reduce da una crisi gravissima protrattasi per quasi due mesi e si appresta a trasferirsi ad Auvers-sur-Oise, ignaro che vi troverà la morte appena due mesi dopo. Questa seconda tela è un dipinto quasi ignorato dagli studi, ma se accoppiato al primo entrambi si rendano decifrabili.

L'opera in questione è COPPIA CHE PASSEGGIA TRA GLI ALBERI DI ULIVO e, acquisita da P. M. Bardi per il Museo di San Paolo in Brasile.

In questa tela, l'identità dell'uomo che cammina è riconducibile a Van Gogh al di là di ogni ragionevole dubbio: i tratti sono inconfondibili, dalla barba e i capelli fulvi al caratteristico abito azzurro. Al suo fianco, la figura femminile veste di giallo e solleva un braccio con un gesto eloquente, quasi a voler sottolineare l'urgenza o l'importanza del proprio discorso.

A legare quest'opera STRADA CON CIPRESSO SOTTO UN CIELO STELLATO non è solo la simultaneità dell'esecuzione, ma una fitta trama di corrispondenze visive. Tra i dettagli più rivelatori spiccano la falce di luna che brilla in alto a destra (presente in entrambe) e il profilo solenne delle montagne, rese in un blu di Prussia vibrante di sfumature viola che sembrano continuare tra l'una e l'altra. A sigillare l'atmosfera del dipinto interviene, infine, il cromatismo del suolo: una terra quasi bianca, che conferisce alla scena una luminosità sospesa e quasi metafisica. La stessa terra che emerge anche nell'altro dipinto.

Accostando idealmente le due tele, in modo che i profili delle montagne giungano a sovrapporsi, si delinea visivamente il racconto di una vicenda che si svolge in due atti. Prima la coppia arriva alla locanda in calesse e successivamente al tramonto compie una passeggiata tra i campi. È il riaffiorare di una memoria che pare oscillare tra il desiderio agognato e la realtà vissuta, quasi fosse il ricordo di un evento realmente accaduto che torna ora a manifestarsi sulla tela. Sebbene possa apparire come una suggestione romantica, tale ipotesi trova riscontro in numerosi elementi probatori che ci accingiamo ora a esaminare.

Le visite

Van Gogh come abbiamo già scritto si recò ad Arles nel periodo di internamento alla clinica psichiatrica di Saint-Rèmy almeno quattro volte.[84]

A noi interessa soffermarci sull'ultima visita precedente alla realizzazione dei dipinti che stato esaminando. Questa visita a Arles si tenne dal 20 (o dal 19) gennaio del 1890 sino al 23 (o al 24) febbraio. In questo viaggiò van

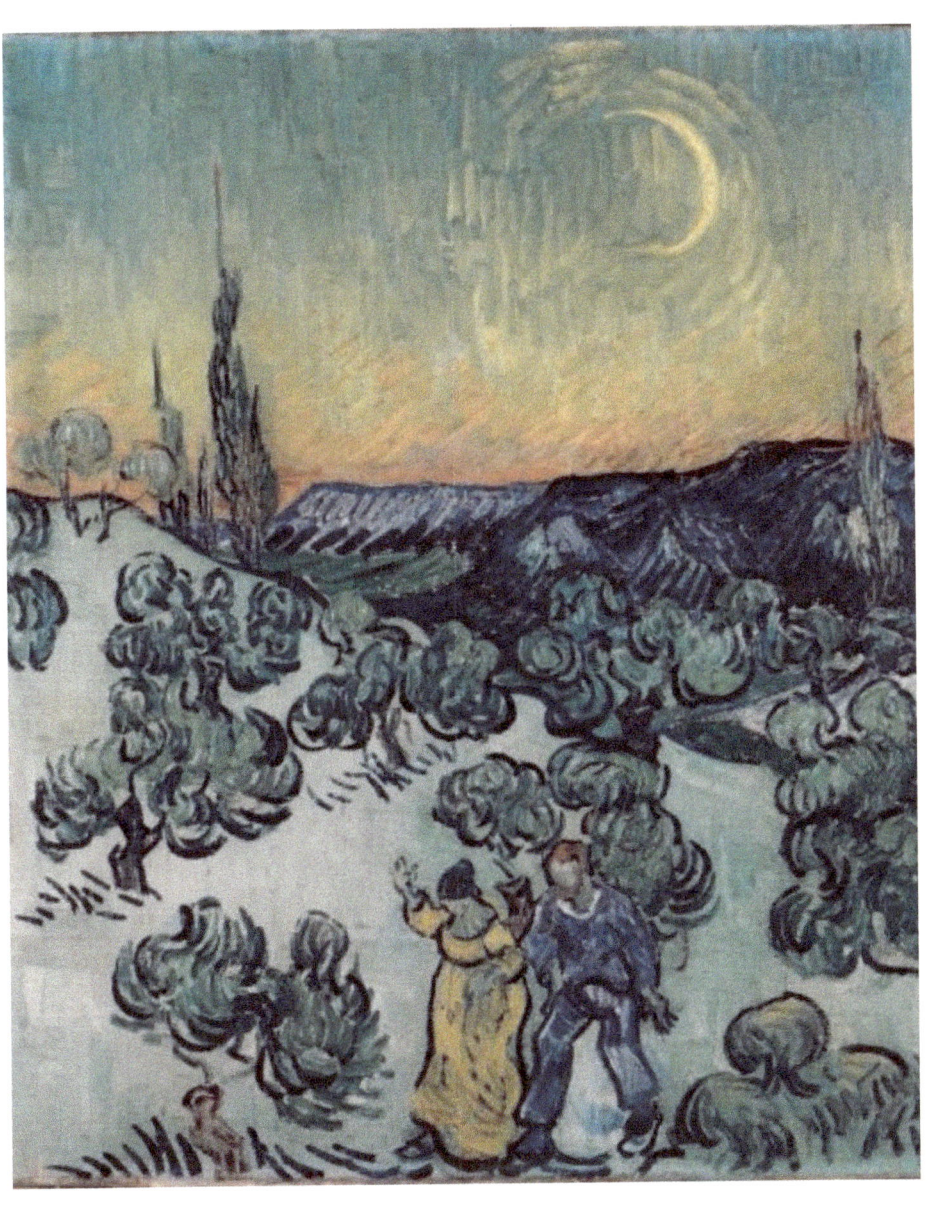

Coppia che passeggia tra gli ulivi sotto la luna, Saint-Rémy, c. 10 maggio 1890, Museo d'Arte, San Paolo, 45.5x49,5 c. 10 maggio 1890 F 704 JH 1981

Gogh portò ad Arles una delle versione del dipinto *l'Arlesiana* (di cui abbiamo trattato), che non poté dare però a Marie Ginoux perché ufficialmente "ammalata". Il dipinto andò susseguentemente disperso.

Tuttavia, nel corso di quella visita, dovettero verificarsi eventi di ben altra portata.

È il dottor Peyron, lo psichiatra che lo aveva in cura presso la clinica, a fornirci alcuni dettagli determinanti. Il primo riguarda la misteriosa sparizione dell'artista: di Van Gogh si persero letteralmente le tracce nella notte tra il 22 e il 23 febbraio. Il secondo elemento risiede nella violenta crisi che ne seguì, un episodio talmente acuto da costringere Peyron a inviare due uomini per recuperarlo e ricondurlo in manicomio. È lo stesso medico a riferire l'accaduto al fratello Theo in una lettera dai toni inequivocabili:

Sono stato obbligato a mandare due uomini a raccoglierlo, e non è noto dove egli trascorse la notte tra sabato e domenica[85]

Una volta ricondotto presso la struttura, Van Gogh sprofondò in uno stato di incoscienza che si protrasse per circa otto settimane. Ne riemerse solo agli inizi di maggio, quando diede vita ai due dipinti oggetto della nostra analisi.

Dall'intreccio dei dati raccolti emerge un'ipotesi ricostruttiva di rara potenza drammatica, capace di far luce sul mistero di quella notte di febbraio. Tutto sembra convergere verso un'unica direzione: la fuga di Van Gogh da Arles. È probabile che l'artista si sia allontanato a bordo di un calesse in compagnia di una giovane donna — forse la stessa Rachel, a giudicare dalla coerenza dell'abbigliamento — per trovare rifugio e intimità in una locanda.

Quella notte, trascorsa lontano dal controllo della clinica, nella locanda raffigurata nel quadro, rappresenta l'ultimo, disperato tentativo di Vincent di aggrapparsi a una vita normale. Ma è proprio all'alba, nel momento del distacco e di fronte all'ineluttabile ritorno alla solitudine, che la realtà infrange il sogno: esplode allora quella crisi violentissima descritta dal dottor Peyron, un crollo psichico così profondo da rendere necessario l'intervento forzato degli infermieri per ricondurlo in manicomio.

Se questa è la vicenda umana che sottende LA STRADA CON CIPRESSO, il dipinto COPPIA CHE PASSEGGIA TRA GLI ALBERI DI ULIVO assume una statura monumentale. Osservando la coppia che passeggia, è difficile ignorare il riverbero di quella suggestione sacra: pur senza una citazione letterale, l'opera sembra alludere a un personale "orto degli ulivi" dell'artista. È, a suo modo, un'ultima passeggiata rituale.

La figura di Vincent in azzurro e quella della donna in giallo — una tonalità che richiama l'angelo di un dipinto poi cancellato dal pittore[86] — avanzano insieme, trasformando un episodio biografico in un'immagine eterna di attesa e rassegnazione

L'opera si trasforma in una meditazione sacra, quasi un'attualizzazione del Getsemani: come Cristo nell'orto degli ulivi cammina e prega nell'imminenza del proprio martirio, così Vincent mette in scena la sua "ultima passeggiata".

> *Eh bien mon travail à moi j'y risque ma vie et ma raison y a fondrée à moitié* [87]

Era una frase scritta nell'ultima lettera a Theo, anch'essa, come quella a Gauguin, non fu mai spedita.

A chi legge

Congedando questo scritto, vorrei rendere chiara una questione. Ma Rachel esiste veramente? Rachel è proprio la ragazza con cui Vincent cammina abbracciato sulle sponde del canale? È Rachel la ragazza nel giardino del poeta? Rachel è la figura che Vincent dipinge accanto a sé nell'ultima versione della propria stanza da letto? Rachel è la ragazza col cappellino nel calesse mentre attraversano insieme strade e campi di Provenza tra i cipressi?

Oppure, Rachel è a metà vera e a metà sognata, a metà figura che si immagina e si desidera, e a metà vera "veramente"?

Ma, forse, riflettendo meglio, non è questa del sogno l'unica verità dell'arte? Quella che trasforma il sogno in realtà anzi, nell'unica realtà che valga la pena di essere vissuta.

Note

[1] Lettera non autentica, ma verosimile. Ho cominciato a studiare van Gogh nel 1970. Ho letto le lettere due volte, da ragazzino collezionavo cartoline, stampe e libri. Anche io dipingevo e vedevo in lui, come tanti, una meta da raggiungere. Sono grato alla fortuna che oggi - mezzo secolo dopo quei primi studi - mi ha dato la possibilità di scrivere questo piccolo libro., anche perché no so se mai finirò quello più ampio, che ho da più di dieci anni in gestazione. Quanto più rifletto sulla via da percorrere o al capo da cui cominciare a sciogliere l'opera, tanto più penso al trascendentalismo di Frank L. Wright e di Emerson e di Thoreau. Pochi principi base, poche mosse che motivano tutto l'essere e poi tutto l'agire. La calligrafia di van Gogh usata nelle due lettere apocrife in questo libro è abbastanza fedele. È stata disegnata da J.C. Renner con mie successive modifiche.

[2] Devo alla conversazione di John Allen «History as Inquiry», Institute of Ecotechnics, Santa Fe NM, ottobre 2010 questo piccolo cenno.

[3] Giulio Carlo Argan, *L'Arte Moderna 1770-1970*, Sansoni, Firenze 1970 p. 161. Quel singolo verbo, «è», rappresenta il frammento di lievito, il più minuscolo che si possa immaginare, che ha consentito alla tesi esposta in questo libro di crescere negli anni. L'intuizione non è elaborata oltre dal grande storico dell'arte e sindaco di Roma, ma è bastato. Naturalmente molteplici le controprove di questa tendenza all'impersonificazione. Un tema che van Gogh tende a censurare, ma che renderà via via più esplicito, in particolare nel suo periodo di Saint-Rémy, cfr. Cornelia Homburg «Rappresentare città e campagna» in Homburg 2010 p. 32.

[4] Ne ho trattato, se pur brevemente. in *Architettura e Modernità*, Carocci, 2010 (pp. 40-41): «Adesso sono gli oggetti che parlano per se stessi. Il mondo e le cose non sono più soggetti a regole umane, ma emanano la propria interna logica. Si sta compiendo un radicale capovolgimento. Se la visione Rinascimentale poneva al centro l'osservatore, (e aveva trovato nelle regole prospettiche – il quadro, i punti fuga e i punti di misura – le basi di una rappresentazione basata sulla proiezione del mondo sulla retina umana), ora gli oggetti diventano indipendenti dall'occhio dell'uomo. La pittura di Cézanne dà inizio anche dal punto della sensibilità estetica al ribaltamento tra il soggetto che guarda e l'oggetto che esiste indipendentemente dallo sguardo. L'aggettivo fondamentale di questa nuova modalità della visione è analitico. Che vuol dire due cose assolutamente sostanziali: la prima è che ciascun oggetto ha una propria ombreggiatura, un proprio autonomo punto di vista (spesso "assonometrico"), e naturalmente un proprio "arbitrario" colore (anche se quest'ultimo aspetto ha risvolti anche e soprattutto nelle coeve ricerche di altri due pittori - Gauguin e van Gogh - che lacerano se stessi in una furiosa battaglia intellettuale sui diversi risvolti che questo nuovo necessario "arbitrio" comporta.»
Quindi sia van Gogh che Cézanne rendono autonomo l'oggetto, ma in direzioni opposte. L'una meccanica e oggettuale, l'altra personale e simbolica. D'altronde lo aveva inteso Gauguin che definiva van Gogh «romantico».

⁵ Van Gogh dipinge un acquerello quando il padre era appena morto e lo spedisce in una lettera a Theo, mentre il quadro è di alcuni mesi successivi, poco prima dell'addio definito alla casa paterna. Non vedrà più né la madre né le sorelle. A proposito del libro *Joie de vivre* posto sotto la grande Bibbia ben si adatta questa frase «Vincent è allo stesso tempo, un oppositivo e un implorante: uno che vuole imporre se stesso e la "sua" logica e ha un bisogno estremo di un padre che avalli le sue scelte.» Vittorio Cigoli, «Nostro fratello Vincent. Alla ricerca della personalità» in Goldin 2002 p. 382. L'autore si sofferma sulla figura psicanalitica della «dipendenza» rileggendo in questa luce anche un brano di una Lettera a Theo del 22-24 giugno 1880 in van Gogh 1959 v. I p. 199 e van Gogh 2009 v. I p. 249. A questo proposito credo di dover aggiungere qualcosa. Il pastore Theodorus van Gogh, andò in soccorso del figlio - un soccorso fisico, morale e finanziario - in varie circostanze: per esempio quando Vincent era in Borinage stremato, riportandolo a casa o quando si trovava a Bruxelles. Questo ruolo «paterno» di aiuto e supporto fu assunto contemporaneamente dal fratello mentre il padre era ancora vivo, per esempio quando Vincent fu ricoverato all'ospedale dell'Aia, ma ovviamente divenne totale dopo la morte del padre. Voglio sottolineare un dato (che non ricordo di aver letto altrove, ma che è certamente molto sintomatico). Sia il fratello che il padre si chiamano Theodorus, una ulteriore conferma per Vincent: psicologicamente Theo non il è fratello piccolo da proteggere; è il padre. E padre e figlio *creano insieme, costruiscono insieme*. Lo scrisse nella sua ultima lettera, mai spedita, («che per mio tramite tu sei parte della stessa produzione di alcune tele, che anche nella rovina conservano la loro calma.») e che trascrivo in originale:

> je te le redis encore que je considérerai toujours que tu es autre chose qu'un simple marchand de Corots, que par mon intermédiaire tu as ta part à la production même de certaines toiles, qui même dans la débâcle gardent leur calme. (Lettera a Theo del 23 luglio 1890 e van Gogh 2009 v. 6 p. 326.)

⁶ Cfr. Uitert 1990 p. 54, Druick 2001 pp. 6-9 e Tralbaut 1969 che ha messo in evidenza il nesso con la morte del padre e il senso di colpa (per i continui attriti tra i due). Sintomatica è la censura di Vincent del livello simbolico del dipinto quando ne scrive al fratello. (Lettera a Theo 28 ottobre c. 1885 van Gogh 1959 v. II p. 457 e van Gogh 2009 v. 3 p. 324.) In realtà la descrizione apparentemente solo tecnica a Theo (che lo invitava a schiarire la tavolozza, mentre van Gogh ostinatamente vuole continuare a perseguire il «colore locale») rivela ancora una volta uno scontro.

⁷ La lapide non porta, per buona sorte del piccolo Vincent, il giorno di nascita che è per entrambi il 30 marzo. Tralbaut 1969, fa notare anche altre coincidenze.

⁸ Simbolicamente van Gogh scriverà che la torre come tutti i costrutti umani perirà (infatti nel 1885 ne iniziò la demolizione), ma non l'idea che essa incarna, cioè la religione. Della antica chiesa viene trattato con precisione in Tilborgh 1999. In particolare è interessante notare che la chiesa medievale, rimane un oggetto isolato (perché il piccolo villaggio che la circondava verrà ubicato altrove) e incompleta (non verrà mai ricostruita l'intera chiesa preesistente). La forza simbolica dell'immagine, come fosse un vero e proprio autoritratto, è sottolineata da un altro dettaglio ricordato nel testo: Vincent non manda uno dei quadri della serie a Theo, ma al contrario ne fa dono alla sua vicina di casa Margot Begemann, quando lascia Nuenen.

⁹ Druick 2001 p. 75 ricorda i quadri di zoccoli di Millet e fa notare l'urbanità delle scarpe di Vincent, mentre Tralbaut 1969 p. 203 si sofferma sul valore psicologico del soggetto. La forma quale condensato di memoria è una tesi presentata dettagliatamente in Michael Leyton, *Forma come memoria*, Edilstampa 2009, un libro de la Rivoluzione Informatica in Architettura con la mia prefazione intitolata «Storia».

¹⁰ Neanche nella scheda contenuta in Homburg 2010 p. 251.

¹¹ Alla mostra del Petit Boulevard hanno esposto Anquetin, Bernard, Koning, Toulouse-Lautrec e lui stesso ma il ristorante parigino era grande e popolare e non dovrebbe essere quello raffigurato nel dipinto. L'interno potrebbe essere quello di altri ristoranti che van Gogh ha dipinto negli anni parigini per esempio il ristorante Rispal F 355 JH 1266 o la Sirene F 313 JH 1251 e F 312 JH 1253 entrambi ad Asnières, oppure il Chez Bataille F 1392 JH 1218 a Montmartre in cui si recava quasi giornalmente con il fratello e con il compatriota André Bonger, il futuro cognato di Theo.

¹² Lettera a Gauguin 3-10-1888 in van Gogh 1959 v. III p. 82 e van Gogh 2009 v. IV p. 304.

¹³ F 370, AGOSTINA SEGATORI SEDUTA AL CAFFÈ DEL TAMBOURIN, del febbraio 1887 è il più famoso e noto. Altri ritratti in cui generalmente viene identificata la Segatori sono il F 367 JH 1261 e il F 381 qui riprodotto a p. 18.

¹⁴ Lettera a Theo 23-25 -7-1887 in van Gogh 1959 v. II pp. 561-563 e van Gogh 2009 v. III pp. 367-368.

¹⁵ A rigor di cronaca, bisogna ricordare che Murphy 2016 fornisce una tesi spericolata della partenza di van Gogh proprio per Arles. Ipotizza che il pittore abbia incontrato la madre e la giovanissima Rachel quando si recarono a Parigi per curare con il pionieristico vaccino del dottor Pasteur la ragazza dal morso di un cane rabbioso (un fatto di cui l'autrice fornisce prova). Van Gogh avrebbe incontrato le due donne, vestite negli abitati tradizionali, e invaghito le avrebbe seguite poco dopo nella città provenzale. Ripeto una "storia" poco credibile, ma è più che probabile altresì che nella scelta di Arles, tra le molte altre località del sud della Francia, abbia influito in van Gogh la fama della leggendaria bellezza delle donne di Arles.

¹⁶ Lettera a Theo da Arles 16 ottobre 1888 in van Gogh 1959 v. III pp. 87-88. Vincent scrive: «I muri sono lilla pallido. Il pavimento è a mattoni quadrati rossi. Il legno del letto e le sedie sono giallo burro chiaro, il lenzuolo e i cuscini verde limone molto chiaro. La coperta rosso scarlatta. La finestra verde. La tavola di toilette arancione, il bacile blu. Le porte sono lilla. E non c'è altro in questa stanza con le persiane chiuse. La quadratura dei mobili deve rafforzare l'idea di un riposo inalterabile. (....) Le ombre e le ombre rinforzate sono soppresse, il colore è a tinte piatte come nei crêpons.» La lettera a Gauguin del giorno dopo (in van Gogh 1959 v. III p. 535) riprende aspetti della descrizione modificando dei dettagli. Il pavimento non è più «a mattoni rossi» ma «di un colore rosso rotto e sbiadito (...) e siccome nel quadro non c'è bianco lo specchio è bianco con una cornice nera (per completare anche la quarta coppia di complementari)» e finisce come una sorta di promessa: «ne parleremo». Manda anche a Gauguin uno schizzo, presumibilmente più avanzato, con una saliente modifica su cui torneremo.

[17] Lettera a Theo del 9 settembre 1888 in van Gogh 1959 v. III p. 32. Questa indizio è contenuto nella scheda sull'opera in Van Uitert 1990 p.172 che scrive «Spinto da questo desiderio di calore umano, van Gogh aveva dapprima voluto sottolineare nel dipinto l'atmosfera che solo la presenza di una persona che vivesse con lui e una stabile vita familiare avrebbero potuto creare: infatti all'inizio aveva pensato di dipingerci anche una culla con un bambino o una donna nuda sul letto». In questa scheda pur riproducendo gli schizzi e i due quadri della camera, a questi non è dedicato alcun cenno e completamente omessa ogni analisi sulle differenze tra i dipinti ale pareti, un fatto sorprendente vista l'autorevolezza del catalogo.

[18] Lettera a Theo del 23 -9- 1888, van Gogh 1959 v. III p. 56 e van Gogh 2009 v. IV p. 281.

[19] Lettera a Theo del 26 -9-1888, van Gogh 1959 v. III p. 49 e van Gogh 2009 v. IV p. 288.

[20] «Alcuni giorni prima di separarci quando la mia malattia mi ha obbligato a entrare in una casa di cura, ho cercato di dipingere "il suo posto vuoto". È uno studio della sua poltrona di legno bruno rosso scuro, con il sedile in paglia verdastra, e al posto dell'assente un candelabro accesso e dei romanzi moderni». Van Gogh lettera ad A. Aurier, c. 9 -2-1880, van Gogh 1959 v. III p. 269 e van Gogh 2009 v. V p. 198.

[21] Lettera a Theo del 19 -12-1885 in van Gogh 1959 v. II p. 501 e van Gogh 2009 v. III p. 331.

[22] Lettera a Theo 12-15 -10-1881 in van Gogh 1959 v. I, p. 249 e van Gogh 2009 v. I p. 294.

[23] A lungo si è creduto che l'ultimo dipinto sia il famosissimo Campo con corvi, ma Hulsker 1980 indica nel quadro Campo di grano con covoni l'ultimo dipinto, mentre Lecaldano 1970 indica proprio in TRONCHI DI ALBERO E RADICI come l'ultimo. Wouter van der Veen ha scoperto una cartolina d'epoca che dimostra che il quadro ritrae delle radici affioranti su un terrapieno in un viale di Auvers (cfr. Internet del 28-29 luglio 2020). In nessun caso vi è certezza, ma sicuramente questo dipinto è tra gli ultimi. La ricorrenza nell'ultimo mese di vita di ben dieci tele dipinte nel formato fortemente allungato orizzontalmente del 50x100 cm, non può non fare pensare alla ricerca di un contatto sempre più intimo con la terra.

[24] Secondo gli ultimi studi si tratterebbe di una sindrome maniaco-depressiva o nevrosi bipolare forse in relazione alla sua, anche se mai completamente accertata, sifilide. Un saggio aggiornato che riprende molti altri studi sulla malattia è, il già citato, Vittorio Cigoli, «Nostro fratello Vincent. Alla ricerca della personalità» in Goldin 2002 cit.. Sul tema della follia cfr. anche Bruno Guerri, *Follia? Vita di Vincent van Gogh*, Bompiani, Milano 2009 e Bakker 2016.

[25] Nella Cronologia abbiamo ricostruito in dettaglio le date delle varie crisi di van Gogh, tra l'altro quasi tutte in coincidenze con gite a Arles che compie dalla casa di cura di Saint-Remy dove è ricoverato (cfr. Bakker 2016).

[26] Il MOMA di New York ha organizzato una splendida esibizione su questo tema, cfr. van Heugten 2008. Si vedano anche le due importanti mostre (e i relativi cataloghi) organizzate da Metropolitan Museum di New York e curate da Ronald Pickvance *Van Gogh in Arles* (1984) e *Van Gogh in Saint-Remy e Auvers* (1986).

[27] Lettera a Theo del 8 -9-1888 in van Gogh 1959 v. III pp. 29-30 e van Gogh 2009 v. IV. p. 258. E il girono dopo scriverà "Nel mio quadro del Caffè di notte, ho cercato di esprimere l'idea che il caffè è un posto dove ci si può rovinare, diventar pazzi, commettere dei crimini. " (Lettera a Theo del 9 -9-1888 in van Gogh 1959 v. III pp. 32 e van Gogh 2009 v. IV. pp. 262.)

[28] «Un linguaggio simbolico ottenuto soltanto mediante il colore» Goldin. commenta in diversi passi questo di dipinto, tra l'altro soffermandosi sul fatto che di «tutti i quadri dipinti in quel periodo, la passeggiata è uno dei pochi di cui non parlò neppure a Theo, forse perché il dipinto rispecchiava i suoi desideri più profondi.» (Goldin 2002 p. 347).

[29] Lettera a Émile Bernard, 26-11-1889 in van Gogh 1959 p. 533 e van Gogh 2009 v. V p. 148.

[30] «Alle volte la storia della cultura diventa un enigma di tale eleganza da rendere incomprensibile l'istinto dei più a occuparsi di altro.» Alessandro Baricco *La Repubblica* del 9-1-2011.

[31] Naturalmente la lettera è apocrifa, ma i fatti che vi vengono ricostruiti sono verosimili come nelle parti successive del libro si esporrà analiticamente.

[32] Lettera a Theo del 1-12-1888 in van Gogh 1959, v. III, p. 105.

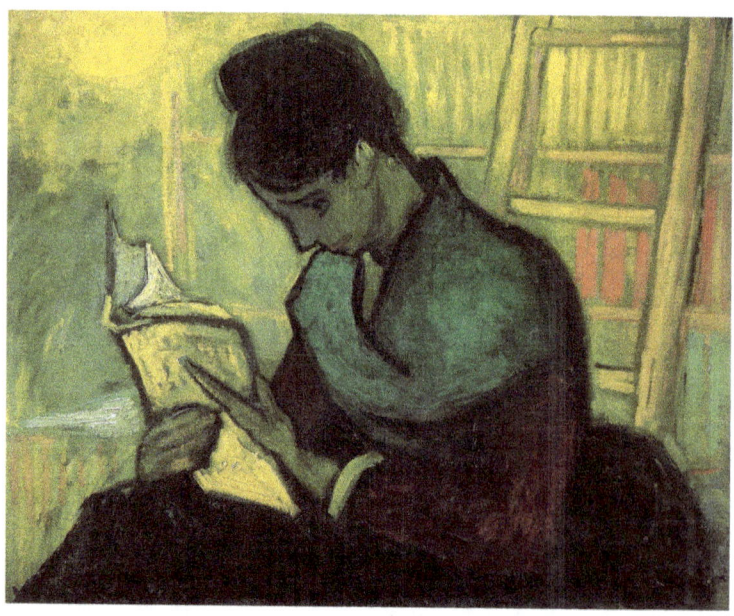

La lettrice, Arles, 16 novembre 1888, 73x92 c., Sagawa Express co, Kyoto F 497 JH 1632. Due studiosi italiani - Antonio De Robertis e Emanuele Della Bella sostengono di aver trovato due ritratti di Rachel. L'uno sarebbe di Christian M. Petersen, conoscente di van Gogh a Arles, e l'altro di Paul Gauguin (cfr. shorturl.at/dIT13). Senza entrare qui nel merito, faccio notare che i ritratti menzionati hanno somiglianza con la figura di *La lettrice* dipinta invece dallo stesso van Gogh e anche del dipinto *La piccola arlesiana* F 518 JH 2056

⁵⁵ Chi scrive conosce il dipinto sin dal 1970 e lo ha esaminato anche nella mostra "Van Gogh e Gauguin. Lo studio del Sud" al Chicago Art Institute, curatori Druick e Zegers. Nelle pagine dedicate al dipinto in Druick 2001, si compie una disamina importante di cui qui si è fatto tesoro. Qui sono compiute ulteriori fonti documentarie e osservazioni, e soprattutto è messo in relazione il dipinto di Gauguin ai drammatici avvenimenti successivi.

La direzione del museo van Gogh di Amsterdam espone il bellissimo VAN GOGH DIPINGE I GIRASOLI di Gauguin accanto a un veloce ritratto di Gauguin di van Gogh (F 546), un quadro espunto di Hulsker 1980 dal proprio catalogo completo delle opere di van Gogh L'accostamento di dipinti dalla qualità così diversa indurrebbe a pensare che van Gogh, esattamente come Gauguin voleva far credere, ne fosse un allievo. Non concordiamo affatto con tale scelta espositiva ancora di più perché ha luogo nel museo van Gogh, cioè nella "propria" casa.

Quando si esamina la produzione di Gauguin a Arles si fa un balzo. Sono venticinque quadri e praticamente tutti capolavori, di una bellezza e di una intensità sconvolgente (PAESAGGIO ARLEASIANI, LAVANDAI AL CANALE , CALURA, VEDUTE DEGLI ALYSCAMPS, ma anche molti altri). Gauguin nel periodo di Arles esalta ancora di più la propria pittura che compie un avanzamento sia nella continuità che nella qualità. Van Gogh invece ha dipinto tutti i suoi capolavori "prima" dell'arrivo di Gauguin a Arles. Se si esamina la pittura di van Gogh nel periodo di convivenza si vedono tre fenomeni interessanti e interrelati. I. Quadri di genere, interessanti ma non intensi (IL SEMINATORE F 494 JH 1617 e F 575a JH 1596, alcune vedute degli ALYSCAMPS come F 568 JH 1622, F 569,) II. Quadri in cui van Gogh dichiaratamente sperimenta alcune tecniche di Gauguin (in particolare la tecnica "onirico" che van Gogh non aveva mai praticato prima (RICORDO DEL GIARDINO DI ETTEN e altri dipinti citati qui a p. 81) con esiti non completamente convincenti, ma anche una versione finalmente splendida del IL SEMINATORE F 451 JH 1629). I capolavori che van Gogh dipinge in durante la permanenza di Gauguin sono tutti "ritratti" (quello di ARMAND ROULIN, F 492, JH 1642 di CAMILLE ROULIN F 537 JH 1644 e di MADAME GINOUX CON GUANTI E OMBRELLO - "L'ARLESIANA" F 489 JH 1625, del 5 novembre 1888 e che meriterà una trattazione tutta a sé e infine due ritratti simbolici sotto le smentite spoglie di una sedia vuota LA SEDIA DI VAN GOGH E LA SUA PIPA F 498 JH 1635 e LA SEDIA DI PAUL GAUGUIN F 499 JH 1639. Quando uno stesso ritratto è dipinto da entrambi come nel caso di MONSIEUR GINOUX F 533 JH 1849 sorprende anzi la maggior forza di van Gogh (Tralbaut 1969).

In una parola è Gauguin che assorbe, come solo un genio può fare, le linfe di van Gogh e le trasforma in arte propria. Se qualcosa gli straordinari ritratti citati devono a Gauguin è solo la facilità con cui quest'ultimo sapeva invitare i modelli a studio.

⁵⁴ Si tratta di Vincent van Gogh, VASO CON QUATTORDICI GIRASOLI, 1 dicembre 1988 c., 100-x76 cm (Yasuda Kasai Museum, Tokyo F 457)

⁵⁵ Paul Gauguin, "Still Lifes", *Essai d'art Livre*, gennaio 1894 in Stein 1986 p. 121. gennaio 1894 in Stein 1986 p. 121. L'idea che i girasoli abbiano occhi, il corsivo nella citazione è mio, trova in questo frase una ulteriore prova a quanto, come si diceva è stato fatto notare da Druick 200 p. 114 e p. 350.

⁵⁶ Cfr. Stein p. 110 e Naifeh 2011 pp. 615-616.

⁵⁷ Druick 2001 p. 242 .

[38] Un dettaglio sfuggito a Druick 2001 e sul quale, per quanto ne sappia, nessuno si è soffermato.

[39] Paul Gauguin, *Avant et après*, traduzione italiana da Druick 2001 p. 242

[40] Gauguin, che si ritiene un semi Dio e un gran maestro, è uomo di un ego spaventoso, ha invidia del soggetto che van Gogh ha trovato nei girasoli. A Gauguin il soggetto evoca mondi lontani, forse gli fa pensare agli Incas o a qualche aspetto esotico che a lui cresciuto in Perù smuove ricordi. Vuole, Gauguin fortemente dei dipinti di girasoli e addirittura lui, il gran maestro, scambia un suo quadro con due piccoli studi di girasoli del periodo parigino di van Gogh. Vedi Louis van Tilborgh, *Van Gogh and the sunflowers*, van Gogh museum, Amsterdam 2008.

[41] Druick 2001 p. 236 e p. 238.

[42] Lettera di Gauguin a Bernard, fine dicembre 1888. La lettera è stata posta in evidenza in Druick 2001 p. 260. Si noti che la lettera che si possiede è quella di Bernard al critico Albert Aurier ed è datata 1 gennaio 1889, Bernard riporta fedelmente quello che gli ha scritto Gauguin ricopiando la lettera e inoltrandola a Albert Aurier È presumibile che la lettera sia scritta da Gauguin quasi subito dopo il suo arrivo a Parigi attorno al 26-29 dicembre 1888, se non addirittura in treno co Theo. La lettera è chiaramente la ricostruzione della versione "come deve circolare" tra gli amici, i critici i pittori, l'opinione pubblica. È una versione quindi ufficiosa, ma che vuole essere ufficiale del brutto episodio. Ecco perché è Gauguin stesso che suggerisce a Bernard di ricopiarla e spedirla al critico e giornalista Aurier. L'idea della lettera da far circolare è certamente condivisa, se non suggerita, da Theo cui preme molto di salvare il salvabile. Quindi nessun cenno a una lite, né tanto meno a una reale aggressione (che invece apparirà come d'incanto quindici anni dopo in *Avant et Après*), e soprattutto nessun cenno nella lettera a Bernard, al coinvolgimento di Theo nella questione. Come se Theo non esistesse, come se Theo non fosse per nulla stato a Arles a sbrogliare la questione.

[43] Paul Gauguin, *Avant et Après*, Edition Avant e Après, Tahiti 1903. La traduzione italiana deriva dall'antologia Paul Gauguin, *Noa Noa e altri scritti*, Oscar Mondadori, Milano 1972 eccetto ove specificatamente segnalato,

[44] In Stein 1986 p. 131.

[45] In Stein 1986 pp. 131-134. Si tratta del rapporto che la polizia stende al momento dell'internamento forzato di van Gogh sulla spinta di una petizione popolare. Vi è un qualche cenno all'episodio del 23 dicembre 1888.

[46] " Mescolanza di verità e di invenzione" è definita da Jo van Go Bonger in "Biografia di Vincent van Gogh" in *Tutte le lettere di Vincent van Gogh* 1959. Una posizione ripresa da Tralbaut 1969 p. 263 con ulteriori dettagli

[47] *Avant et Après*,cit. pp. 121-122. Tutti i brani che seguono sono derivati dall'edizione italiana il cui testo è inserito dentro l'antologia, Paul Gauguin, *Noa Noa e altri scritti*, Oscar Mondadori, Milano 1972 eccetto ove segnalato. per la versione inglese vedi Stein 1986 pp. 123-128

⁴⁸ Brani citati sia da Tralbaut p. 265 che da Jo Bonger. Lettera a Theo del 21 Ottobre 1888 in van Gong 1959 v. III, p. 93.

⁴⁹ In Druick 2001 p. 260. Vale la pena sottolineare che l'intenzione di Gauguin di abbandonare l'Atelier du Midi e quindi il progetto su cui Vincent e Theo avevano investito così tanto non si manifesta come egli dice all'inizio di dicembre, ma ben prima. Non è affatto vero che Gauguin abbia scritto a Theo il 22 dicembre, la lettera a Theo infatti è del 18 dicembre ed esiste una lettera a Laval già nell'ottobre 1888 in cui Gauguin anticipava la sua volontà di partire per la Martinica. La verità è che Gauguin va a Arles solo dopo che Theo van Gogh è in grado di offrirgli un mensile di 150 franchi e il pagamento dei debiti pregressi. Non si reca in uno spirito di fratellanza e amicizia, né per un sogno di comunanza artistica - tutti temi che van Gogh espone esplicitamente nel suo ritratto IL BONZO dedicato a Gauguin - ma per la ragione pragmatica di sbarcare il lunario: con una attenzione cinica, cattiva e violenta come l'autoritratto I MISERABILI che manda in cambio a van Gogh del suo "santo" bonzo, testimonia chiaramente.

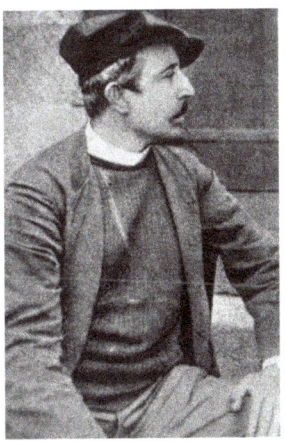 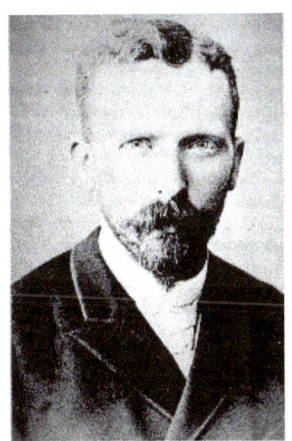 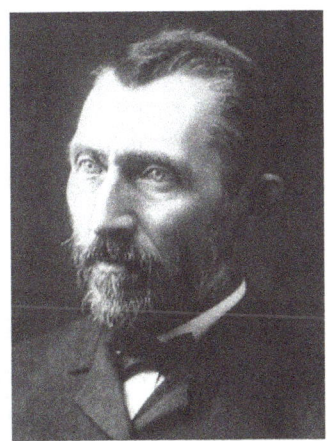

Ritratti fotografici tra il 1887 e il 188 di di Paul Gauguin, (a sinistra) di Theo van Gogh (al centro) e di Vincent van Gogh a destra

[50] Gauguin a Bernard in Druick 2001 pag. 260. Ora questa lettera scritta a caldo da Gauguin nei giorni immediatamente successivi al Natale e che Bernard spedisce trascrivendola al critico Aurier il 1 gennaio 1889 è documento di capitale importanza se la si confronta da una parte con il testo scritto da Gauguin in *Avant et Après* nel 1903 e dall'altra con due altri fatti fondamentali che ci arrivano da altre fonti certe. Gauguin li omette di proposito e - come si vedrà - per evidentissime ragioni. Cominciamo con quanto scrive nel testo a stampa del 1903, quindici anni dopo i fatti. Si tratta di una enorme omissione, nella prima lettera, oppure una enorme invenzione nella seconda versione. È molto probabilmente quindi un fatto completamente inventato. Eccolo:

> Avevo quasi attraversato piazza Hugo, quando avvertii alle mie spalle quei passi brevi, rapidi a sbalzi, a me ben noti. Mi voltai proprio nell'attimo in cui Vincent si precipitava su di me con un rasoio aperto in mano. Ben forte deve essere stato in quel momento il mio sguardo se Vincent si arrestò e, subito dopo, a testa bassa, si diresse correndo verso casa (*Avant et Après* p. 122)

Qui si parla quindi di una tentata aggressione, di un tentato omicidio! Come mai *non ve ne è cenno nella lettera a Bernard* del 1888 (che non è affatto tenera verso van Gogh in cui al contrario si raccontano con dovizia di particolare le presunte pazzie)? Come può mai essere possibile che proprio dell'episodio fondamentale della aggressione, Gauguin non scriva a Bernard? Incredibile che l'episodio sia apparso solo dopo 15 anni e raccontato, da un mentitore e manipolatore della realtà come Gauguin, in un testo già infarcito di menzogne, per non parlare della quasi esilarante frase del pazzo fermato "dal ben forte sguardo." Gauguin continua il suo racconta e con un riprovevole moralismo, scrive:

> Avrei dovuto disarmarlo e persuaderlo a calmarsi? Più volte ho interrogato la mia coscienza, *ma mai ho trovato motivo di rimproverami*. Mi si giudichi come si vuole. [E Gauguin prosegue con due dettagli che, dopo quindici anni dai fatti, fanno pensare alla costruzione di un alibi] Fatto sta che qualche minuto dopo già mi trovavo in un buon albergo di Arles, dove, *dopo aver chiesto l'ora*, presi una camera e mi misi a letto. " (*Avant et Après* p. 122, corsivi dell'A.)

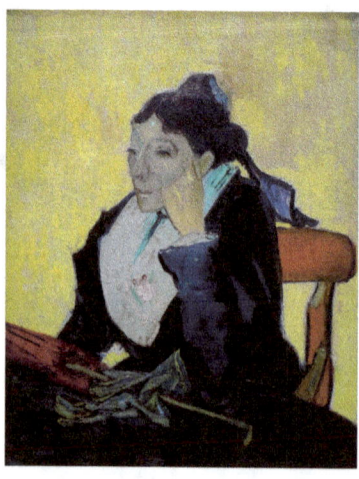

Ritratto di Mme Ginoux, «l'Arlesiana»,
Arles 5 novembre 1888, 92,5x73,5 cm
Museo d'Orsay Parigi F 489 JH 1625

[51] La ricostruzione di Gauguin in *Avant et Après* prosegue come nella lettera a Bernard.

> Agitato come ero, non riuscì ad addormentarmi che verso le tre del mattino, per risvegliarmi tardi, verso le sette e mezzo. Raggiunta la piazza, vi trovai un assembramento di gente. Sotto la casa c'erano dei gendarmi e un piccolo signore dal cappello a melone, il commissario di polizia. Le cose erano andate in questo modo: appena rientrato, van Gogh si era immediatamente tagliato netto un orecchio, raso alla testa. Penso che abbia messo un bel po' ad arrestare l'emorragia, se tante salviette inzuppate furono trovate il giorno dopo sul pavimento dei due locali al pianterreno. Il sangue si era sparso per le due stanze e sulla scaletta che conduceva alla nostra camera da letto." (*Avant et Après* p. 122)

Soffermiamoci su ciò che qui sembra un dettaglio: "un piccolo signore dal cappello a melone". Altro che piccolo signore: era il commissario di polizia Joseph d'Ornano e arrestò Gauguin. Il fatto enorme del proprio arresto è omesso completamente nella ricostruzione ufficiale di *Avant et Après* (dettaglio si badi bene, che invece aveva scritto a caldo a Bernard).

[52] Ecco quanto scrivono a questo proposito i due maggiori biografi di van Gogh

> Vincent lavato il piccolo brandello sanguinolento lo involtò con attenzione, come fosse un pezzo di carne, in un pezzo di giornale. Si fasciò la sua ferita, coprì la benda con il largo berretto, e si lanciò nella notte. Ventiquattrore prima di Natale in una notte di pioggia, c'era solo pochi luoghi dove Gauguin poteva essere. Vincent provò i bordelli per prima. In particolare quello preferito da Gauguin, sulla via du Bout d'Arles, che era solo a pochi minuti di cammino dalla casa gialla. Vincent chiese di vedere 'Gaby', il nome di teatro di una donna chiamata Rachel. La favorita di Gauguin. (Naifeh 2011 p. 704 traduzione dell'A.)

Ma Rachel non è come sostengono gli autori soltanto "la favorita di Gauguin", al contrario è una ragazza molto importante proprio per van Gogh, una donna conosciuta ben prima dell'arrivo di Gauguin e "probabilmente" ritratta. Nel 2011 si era ancora convinti che l'amputazione fosse soltanto del lobo e non dell'orecchio intero e che la ragazza fosse una prostituta e non invece una cameriera. Entrambi i punti sono illustrati da Murphy 2016 in molti dettagli.

[53] Sono sempre dettagli apparentemente innocui, ma in realtà sono parate, finte, affondi. Mosse di un padre di quattro figli abbandonati, di un agente di borsa spregiudicato, di chi rivendicava essere un primitivo mezzo indio, un mentitore impenitente, un usurpatore della fatica creativa altrui, un cinico frequentatore di bordelli: «In Gauguin il sangue e il sesso prevalgono sull'ambizione» (Scrive van Gogh Lettera a Emile Bernard 1 novembre c. 1888, in van Gogh 1959 v. III p. 528 e van Gogh 2009 v. IV p. 348 e naturalmente di un appassionato schermidore. Infatti per la gran fretta lascerà spada e maschera e chiederà di riaverli mesi dopo: naturalmente meglio non farsi notare con le spade dopo quello che era successo.

54 Nell'incontro tra Theo e Vincent il 25 dicembre 1888 Vincent benedice il prossimo matrimonio che sta per avvenire anche se raccomanda a Theo di continuare la sua missione per l'arte. Lettera di Theo a Jo del 28 dicembre 1888 citata in Druick 2001 in nota 292 p. 392 e in Jo Bonger Biografia cit.

55 Chris Stolwijk«"Per una buona causa" Théo van Gogh e Paul Gauguin», in *Gauguin van Gogh l'avventura del colore nuovo* (ed. Marco Goldin), Linea d'ombra, Conegliano 2005. La relazione tra Theo e Gauguin è qui studiata in maniera approfondita ed è stata di utilità a costruire alcuni aspetti della nostra tesi. Stolwijk illustra la crescente ammirazione di Theo nei confronti di Gauguin. Una delle più importanti vendite avvenne proprio all'indomani dell'arrivo di Gauguin a Arles per ben 600 franchi (500 andarono a Gauguin). L'autore inoltre spiega che la base dell'accordo economico di Theo con Gauguin sull'Atelier del Sud era di 150 franchi, quanto più o meno ne servivano per vivere un mese in quel periodo. Per avere una idea del corrispettivo si noti che l'affitto della casa gialla era di 15 franchi al mese. Approssimativamente si può pensare che i 500 franchi equivalessero a una cifra vicina ai 5000 euro di oggi, cfr. «The Financial Backgrounds» in vangoghletters.org/.

56 Nel volume Hans Kaufmann, Rita Wildegans, *Van Gogh Ohr. Paul Gauguin und der Pakt des Schweigens*, Osburg Verlag, Berlin 2008 (*L'orecchio di Van Gogh - Paul Gauguin e il patto del silenzio*), ripreso da «Le Figaro», il 4 maggio 2009, si fa una ricostruzione la cui chiave è il taglio dell'orecchio inferto da Gauguin con un colpo della sua spada da schermidore davanti al bordello. Il Museo van Gogh di Amsterdam con il direttore Leo Jansen, e con Louis van Tillborgh curatore, smentiscono la versione che come ovvio non accredito. In ogni caso, pur se la dinamica dell'incidente non appare convincente in ciò che sostiene Kaufman 2008 (il fatto che Gauguin richiederà in seguito a van Gogh maschera e guanti da scherma non può certo provare il fatto di aver dato una sciabolata all'amico) è indubbio anche per me, come sostengono appunto gli autori, che vi sia «stato un patto del silenzio» tra Theo Paul e Vincent e che Rachel, anche se non l'unico motivo, abbia giocato un ruolo non secondario nella lite del 23 dicembre. Gauguin a più di 15 anni dall'evento "crea" in *Avant et Après* una versione centrata sulla follia di van Gogh e sul suo ruolo di maestro attribuendosi addirittura la funzione di ispiratore artistico di quei girasoli che il povero van Gogh aveva dipinto - come visto - ben prima del suo arrivo! La versione di Gauguin passa alla storia come vera mentre è un falso clamoroso, ma per almeno 120 anni questa è la assurda verità, rimbalzata acriticamente in migliaia di occasioni.

57 Gauguin scrive nel 1894 un pezzo in cui in poco meno di due paginette dichiara come un mantra, "Decisamente, decisamente Vincent era già pazzo", "Decisamente era pazzo.".. "Decisamente questo uomo era pazzo"). Paul Gauguin, "Still Life" in *Essai d'art Libre*, gennaio 1894 in Stein 1986 p. 121-122. Ma dirà anche: "Il destino ha voluto che, durante la mia vita. molti che mi hanno frequentato e con me hanno discusso, impazzissero." (*Avant et Après* p. 117). Nella lettera del dicembre 1888, esistono due dettagli rivelatori : la "disgraziata ragazza" e il fatto di essere stato "arrestato" (sono due dettagli che sono messi *en passant* e che sembrava impossibile tacere a caldo visto che esisteva un verbale della polizia e testimoni. Quindici anni dopo Gauguin scordandosi della lettera a Bernard e volendo ancora una volta ripulirsi la coscienza, in *Avant et Après*, li omette nella versione ufficiale fornendoci così una prova certa della propria responsabilità.

⁵⁸ Emile Bernard, Lettera a Albert Aurier del 2 agosto 1890 Aurier in Druick 2001 p. 265. Il tema del martirio è ricorrente. Van Gogh stesso si ritrae nella faccia di Cristo in una copia di una Pietà da Delacroix e anche Gauguin dipinge se stesso come un CRISTO ASSORTO NELL'ORTO DEGLI ULIVI in attesa dei soldati che lo portino al supplizio. Ma questo Cristo - come una figura vista in sogno è tante persone contemporaneamente - ha faccia di un Gauguin-Giuda, ma Gauguin stesso dice anche in questo quadro che il vero martire è Vincent. Il Cristo infatti ha come Vincent barba e capelli rossi.

⁵⁹ Emile Bernard, Lettera a Albert Aurier del 2 agosto 1890 inn Druick 2001 p. 265.

⁶⁰ Ecco in sintesi cosa scrive Giulio Carlo Argan "le memorie però furono costruite ad arte per propagandare un'immagine di Gauguin certamente più costruita che reale e trasmettendone una degli squilibri di van Gogh e del suo debito artistico nei confronti del collega artefatta ed esagerata. Diverso fu infatti quando riferì a Bernard subito dopo l'accaduto, al quale non menzionò minimamente il presunto attacco" *van Gogh*, Presentazione Giulio Carlo Argan, a cura di Federica Ammiraglio Rizzoli-Skira Cds, Milano 2013 p. 47.

⁶¹ Per esempio nel sito apparentemente dettagliato sulla stanza. Nè in Druick 2001 né per esempio nei molti video su you tube. Naturalmente la presenza effettiva del rasoio sulla toletta nel riquadro da me indicato nel testo dipende dal grado di ingrandimento dell'immagine e capisco possano esserci a proposito della sua effettiva presenza nel quadro pareri diversi. Per questa ragione ho omesso questo dettaglio in un articolo sulla stanza in italiano e inglese di taglio prettamente scientifico (Saggio 2011). Al contrario la rilevanza della presenza della figura femminile accanto all'autoritratto è assodata, (e l'articolo fa parte delle fonti bibliografiche sul dipinto della stanza scelte dal museo van Gogh di Amsterdam https://www.vangoghmuseum.nl/en/collection/s0047V1962#details. Lascia sconcertati però che il quadro in esposizione in una dei più prestigiosi musei al mondo - l'Art Institute di Chicago - non renda visibile il ritratto della ragazza tagliandone a metà il volto.

⁶² Mi sono soffermato così a lungo su questi dettagli per condurre il lettore con me alla comprensione più probabile dell'intera vicenda che ho condensato nella lettera del 4 febbraio del 1889. È una tesi nuova e spero convincente. Naturalmente sono ben contento di avere commenti, ulteriori dettagli o contro deduzioni a proposito, all'indirizzo universitario antonino.saggio@uniroma1.it mi si può contattare con facilità.

⁶³ Lettera di Theo a Will da Parigi 1887, citata in Walther 1990 p. 228.

> Non è semplice sostituire un uomo come Vincent. Ha conoscenze enormi e una concezione assai chiara del mondo. Sono convinto che, se gli resta ancora qualche anno, riuscirà a farsi un nome. Appartiene alla stirpe dei pionieri d'idee che nella routine del quotidiano si smarriscono e perdono brillantezza. E poi, ha un buon cuore e cerca costantemente di far qualcosa per gli altri. Tanto peggio per tutti coloro che non vogliono conoscerlo o capirlo.

[64] Studiando la vicenda ben presto ipotizzai un ruolo decisivo di Rachel. Ruolo inesplorato nella numerosa pubblicistica da me letta negli anni. Esiste però un bel romanzo della storica dell'arte Bundrick che si basa proprio sul ruolo tutt'altro che secondario di Rachel cfr. Sheramy Bundrick, *Sunflowers*, Avon, New York 2009. Cornelia Homburg, nella mostra che ha curato a Roma nel 2010-2011 scrive nei pannelli biografici introduttivi questa illuminante frase. È la prima volta che Rachel assume un ruolo così evidente:

> Per van Gogh "la donna è religione". All'epoca del soggiorno a Londra è respinto dalla figlia della vedova Loyer. Anni dopo, in seguito al rifiuto della cugina Kee Sticker, si brucia con la fiamma della candela sino allo svenimento. Vincent desidera una figura di donna protettrice, una donna madre. Nella sua vita solitaria hanno un ruolo importante le piccole prostitute come Sien o Rachel, alla quale farà consegnare la parte di orecchio in seguito alla violenta discussione con Paul Gauguin del 23 dicembre 1888. Le accomuna un disperato sconforto e sente le anime di queste donne affettuose e vicine in un'esistenza dolorosa. Sien ha la pelle segnata dal vaiolo e probabilmente, è afflitta da malattie veneree ma van Gogh ammira in lei la grande forza tragica e scrive: "io e lei siamo due infelici che si tengono compagnia e tengono insieme un fardello".

Sottolineo in questa calibrata nota, oltre alla rilevanza data a Rachel, la frase «in seguito alla violenta discussione con Paul Gauguin del 23 dicembre 1888» che è *esattamente* la mia tesi. Homburg inoltre scrive un bel saggio «Rappresentare città e campagna» in Homburg 2010 che discute a fondo il tema del giardino degli innamorati, un tema che van Gogh affronta ripetutamente a Parigi a Arles e anche nel suo periodo alla Casa di cura di Saint-Rémy.

[65] Lettera a Theo del 16 c. marzo circa del 1888 in van Gogh 1959 v. III p. 576 e van Gogh 2009 v. IV p. 26.

[66] Lettera a Theo, 3 febbraio 1889, in van Gogh 1959 p. 136 van Gogh 2009 v. IV p. 408. Si noti che la ragazza vuole tranquillizzare Vincent, sostenendo che stranezze del genere sono abituali da queste parti (portare un mezzo orecchio incartato in un bordello non sono mica sorprendenti in questo paese del sud! «On me disait là que des chôses comme ça ici dans les pays n'a rien d'étonnant.»), ma poi c'è una frase chiave. Ma lei ne ha sofferto, ed è svenuta (lei ha sofferto per me e per il mio dolore ed è svenuta! «Elle en avait soufferte et s'etait évanouie») In questa frase traspare l'intensità del rapporto e la forza del nuovo incontro che deve essere stato ben forte se Vincent proprio l'indomani ebbe la seconda crisi della sua malattia

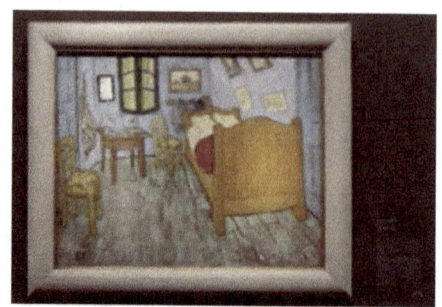

⁶⁷ Cfr. Tralbaut 1969 p. 264. Il dottor Auguste Peyron, medico curante di van Gogh a Saint Remy, comunica a Theo per lettera o telegramma e si incontrano di persona a Parigi all'inizio di ottobre del 1889. Il dottore sostiene che è stata proprio la gita a Arles di luglio la ragione della crisi successiva. "Il me dit que ton voyage à Arles ayant provoqué une crise il faudrait voir avant de changer de demeure si tu peux maintenant supporter un changement." Lettera di Theo del 4 Ottobre 1889 in van Gogh 2009 v. V. . Dopo terza la gita a Arles, il 19.1.1890 Vincent ha ancora una crisi. Di nuovo Peyron il 29 gennaio scrive a Theo «che Vincent ebbe un'altra crisi dopo il suo viaggio a Arles» in van Gogh 1959 v. III p. 254.

⁶⁸ Lettera a Bernard 18 marzo, 1888 in van Gogh 1959 v. III p. 487 e van Gogh 2009 v. IV p. 28. Bob Harrison nel sito www.vggallery.com tratta diffusamente di questo frammento.

⁶⁹ TRAMONTO CON CAMPI DI GRANO, fine giugno 1888 F 465 JH 1473 COPPIA IN UN VIALE, ottobre 1888 F 485 JH 1615 e F 474 JH 1592 e F 479 JH 1601 v. p. 108. Interessante notare che almeno in F 485 e in F 479 l'abbigliamento dell'innamorato richiama quello del pittore. Nei quadri successivi all'arrivo a Arles di Gauguin, invece, quando sono presenti coppie che camminano nei quadri di Vincent, non vi è più alcun riferimento a se stesso. Ovvia è la ragione

⁷⁰ «Nell'autunno 1888 van Gogh si vedeva come un amante incerto e vulnerabile: non soltanto era esposto giornalmente allo spettacolo dei successi spavaldi e dissoluti di Gauguin, ma anche invidiava le prodezze sessuali del suo amico Milliet, un sottotenente degli Zuavi la cui carriera militare era stata, dal punto di vista di van Gogh, migliorata dal suo successo con le donne, mentre l'occupazione di van Gogh come pittore la comprometteva.» Childs 2001. Su Boch, come testimone della poesia e della spiritualità ecco cosa scriveva Vincent «Ebbene, grazie a lui, ho finalmente un primo schizzo di quel quadro che sogno da tanto tempo - il poeta. Ha posato lui. La sua testa fine dallo sguardo verde si stacca, nel ritratto che ho fatto, su un cielo stellato oltremare profondo» Lettera a Theo, 3 settembre 1888 in van Gogh 1959 v. III p. 25 e van Gogh 2009 v. IV p. 253.

⁷¹ In nessuna lettera di van Gogh vi è un cenno alle differenze tra le diverse versioni dei dipinti della camera. Della prima replica del quadro ne scrive a Theo il 6 settembre 1889 in van Gogh 1959 III p. 203 e van Gogh 2009 v. V p. 79. Van Gogh realizza una seconda copia della stanza, che manderà a casa in Olanda. Questa «copia» è più piccola, anche qui nessun cenno alle modifiche quando il 21 ottobre 1889 alla sorella Wil scrive che troverà l'interno della camera «brutto, una stanza vuota con un letto di legno e due tele, eppure l'ho dipinta due volte. Volevo arrivare a un effetto di semplicità». L'ultima menzione nella corrispondenza è quando Theo riceve le due versioni grandi della stanza. Theo dice di preferire la seconda versione all'originale e scrive: «Ho ricevuto il tuo invio del campo di grano e delle due camere da letto. Mi piace soprattutto l'ultima, che nel colore assomiglia a un mazzo di fiori. È di una grande intensità di colore.» Lettera di Theo del 22 dicembre 1889 in van Gogh 1959 v. III p. 566 e van Gogh 2009 v. V p. 169.

⁷² Lettera a Theo del 10/9/1889 in van Gogh 1959 v. III p. 213 e van Gogh 2009 v. V p. 92.

Camera di Vincent con autoritratto e figura femminile, «Il Bouquet», (v. p. 65)
Foto del quadro come è stato incorniciato presso l'Art Institute di Chicago. L'ombra della cornice copre quasi completamente la figura femminile accanto a Vincent e parte del proprio autoritratto

[73] Vilém Flusser, *Immagini*, Fazi editore, Roma 2009 p. 19. Devo la scoperta di questo libro, che si occupa delle differenza tra immagini elettroniche e tradizionali, all'architetto Roberto Sommatino che ringrazio. Ho trovato in Venturi, un accenno a questo concetto: «l'anima dell'artista si è distaccata dal suo prodotto, si è annullata nell'oggetto, l'ha reso stupendo per sé, una immagine da adorare» in Lionello Venturi, *Sulla via dell'impressionismo*, Einaudi, Torino 1970 p. 315 e mentre Franco Russoli nel suo bel saggio «Vincent Van Gogh», in *Il Postimpressionismo*, vol. I de *L'arte Moderna* (ed. F. Russoli) Fabbri, Milano 1967 p. 221 scrive: «il suo particolare procedimento di simbologia "oggettiva" giunge a esiti stupendi, nell'accordo tra immagine ingenua, volutamente da anima semplice, da gusto oleografico e popolare, e struttura stilistica complessa ed equilibrata».

[74] Lettera a Theo 7 novembre 1881 in van Gogh 1959 v. I p. 254 e van Gogh 2009 v. I p. 303.

[75] Sono arrivate a noi 821 lettere di cui 668 dal 1873 al 1890 solo a Theo.

[76] Helene Kröller-Müller scelse ad uno ad uno i quadri della sua prodigiosa collezione che si può visitare nel museo nella foresta di Otterlo in Olanda. Tra questi, STRADA CON CIPRESSO SOTTO UN CIELO STELLATO,1. Un bel documentario del 2018 "Van Gogh tra il grano e il cielo", è stato di recente dedicato a questa straordinaria collezionista e su questo quadro si è soffermato il critico Marco Goldin. anche in Goldin 2020 In nessuno dei due casi è stato notato il dettaglio che a noi ha interessato. È la conferma che quanto nel testo non è conosciuto né condiviso dalla grande comunità degli studiosi e degli appassionati del pittore olandese.

[77] Lettera a Gauguin del 17 giugno 1889 in van Gogh 1959 v. III p. 289 e van Gogh 2009 v. V p. 322

[78] Lettera a Gauguin del 17 giugno 1889 in van Gogh 1959 v. III p. 289 e van Gogh 2009 v. V p. 322

[79] "La sera di quel 20 aprile del 1890 si videro Mercurio e Venere in congiunzione con la luna crescente. Van Gogh tiene a mente questa immagine e un mese dopo la dipinge però specularmente". (documentario il grano e il cielo" cit) Esiste tutto una serie di ipotesi che leggono i quadri notturni di van Gogh come effettive rappresentazioni di moti celesti, e per rigor di cronaca ho voluto aggiungere questa visto che riguarda il quadro in oggetto. Certo che il 20 aprile il povero van Gogh era ancora immerso in una terribile e lunga crisi della sua malattia.

[80] Di nuovo van Gogh narra a Gauguin una storia diversa del quadro, e la cosa è ancora più particolare perché la lettera è scritta a circa un mese dalla realizzazione del quadro.

[81] Come è noto van Gogh indossava spesso una blusa azzurra de tessuto dei marinai, una sorta di antesignano del nostro jeans.

[82] Con la madre e la sorella (anche se Tralbaut 1969 sostenne che il ritratto sia in realtà del primo grandissimo amore deluso, Kee Vos mentre in Druick 2001 si ritiene sia proprio Marie Ginoux).

[83] Sostiene Pickvance 1986 p. 189 "che i due quadri siano da comprendersi come una variazione su un insieme di idee e simboli comuni" [in Landscape with Couple, Walking Crescent Moon are] in the distance, the usually flattened Alpilles are akin to those in Road with Cypress and Stars. Thematically, the painting could be called a memory of the South, a conflation of images van Gogh had used in arles as well as in Saint-Rémy. In this respect, it would seem to be parallel in mode to road with Cypress and star, a variation on a shared clutch of ideas and symbols"

[84] ll dr. Théophile Peyron scrisse a theo che ogni volta prima di ciascun viaggio a Arles van Gogh era presente a se stesso, ma che ogni volta che tornava alla clinica aveva una crisi di più o meno lunga durata."Noto che le crisi avvengono più frequentemente dopo ogni viaggio che fa fuori dalla casa di cura. Non credo che egli cada in nessun eccesso quando lui è in grado di muoversi liberamente" Théophile Peyron a Theo van Gogh, 29 gennaio 1890 in Bakker et al p. 69.

[85] Théophile Pyron a Theo van Gogh, 24 febbraio 1890 in Bakker et al p. 72 . in For English Translation: "I was obliged to send two men with a carriage to Arles to collect Him, and it is not known where he spent the night of Saturday and Sunday [22 to 23 February]

[86] «Ho grattato un grande studio dipinto, un giardino con degli ulivi, con una figura blu e arancione, e un angelo giallo. In terreno rosso, colline verdi e blu. Ulivi con i tronchi violetti e carminio e fogliame verde e grigio e blu. Cielo color limone.» Lettera a Theo del 8 luglio 1888 in van Gogh 1959 v. II p. 646 e van Gogh 2009 v. 4 p. 164
L'interesse per il tema è dettagliatamente descritto da Druick e Zegers (cfr. p. 125 e pp. 291-293) che illustrano anche la forte critica che van Gogh sollevò per il quadro di Paul Gauguin Cristo nell'orto degli ulivi dell'ottobre 1989 sottolineando che sia Gauguin che van Gogh dipingono una sorta di autoritratto nella figura di Cristo.

[87] Lettera Theo, mai spedita del 23 luglio 1890 in van Gogh 1959 v. III p. 302 ("ebbene, nel mio lavoro ci rischio la vita e la mia ragione si è consumata per metà") e van Gogh 2009 v. V p. 326

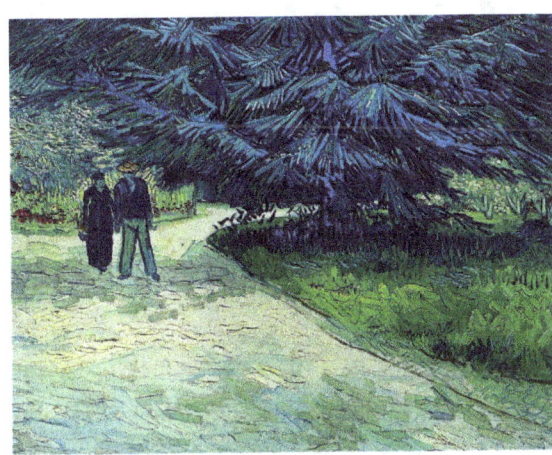

«Il giardino del poeta» coppia che passeggia nel parco, Arles, c. 30 settembre 30, 1888, collezione privata
73x92 F 479

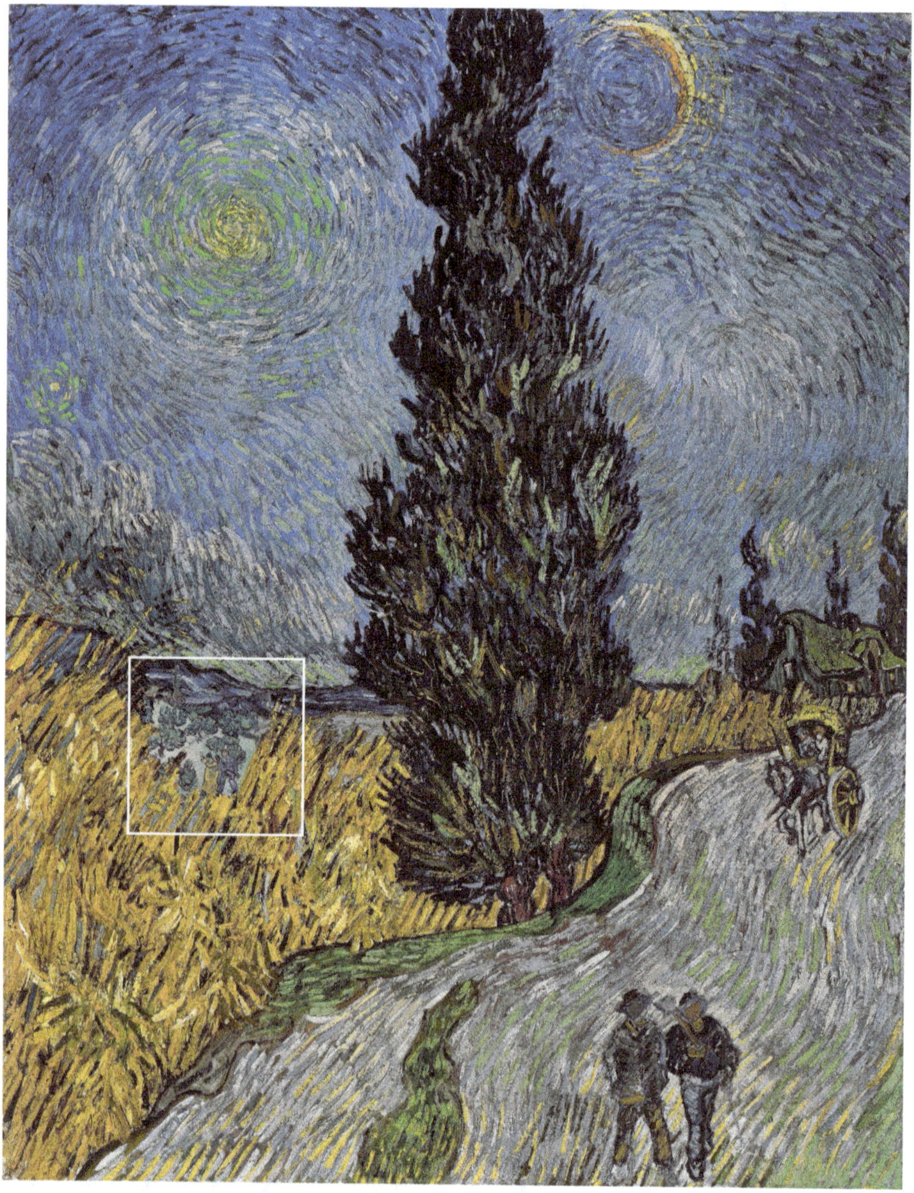

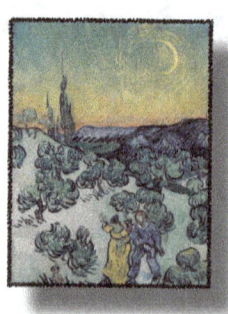

Montaggio di *Coppia che passeggia tra gli alberi di ulivo* (piccolo a sinistra) all'interno di *Strada con cipresso sotto un cielo stellato*. Si noti anche la luna in alto a destra in entrambi i dipinti.

Cronologia

1852
il 30 marzo nasce morto a Zundert Vincent Willem van Gogh;

1853
il 30 marzo nasce a Zundert Vincent Willem van Gogh, il pittore;

1855
17 febbraio nasce la sorella Anna;

1857
il 1 maggio nasce Theodorus (Theo);

1859
il 16 maggio nasce la sorella Elisabeth;

1862
il 16 marzo nasce la sorella Willemien (Wil);

1864
il 1 ottobre 1864 frequenta il collegio di Zevenbergen, dove risiede;

1866
3 settembre inizia il liceo a Tilburg;

1867
il 17 maggio nasce Cornelius (Cor);

1868
il 19 marzo torna a vivere definitivamente a casa, dopo ripetute fughe dalla scuola;

1869
il 30 luglio V. diventa apprendista mercante d'arte alla galleria Goupil dell'Aia di cui è co proprietario, lo zio Vincent "Cent" van Gogh;

1873
il 13 giugno è trasferito alla sede di Londra, è un amaro declassamento. Vive presso la vedova Ursule Loyer.

1875
il 15 maggio viene trasferito a Parigi;

1876
il 1 aprile si dimette dalla Goupil;
il 1 luglio è aiuto predicatore a Isleworth (Inghilterra);

1877
il 9 maggio si sposta ad Amsterdam dove inizia a prepararsi per gli esami di ammissione alla facoltà di teologia;
il 30 luglio sospende gli studi;
a dicembre torna a Etten dove è stato trasferito il padre;

1878
il 23 agosto è a Lacken (Belgio) per frequentare la scuola degli evangelizzatori;
il 26 dicembre parte per il Borinage, nelle miniere di carbone dello Hainaut in Belgio, dove viene nominato evangelizzatore;

1879
il 30 luglio c. - dopo appena sei mesi - la nomina non gli è confermata, ma continua a evangelizzare come volontario a Cusmes, sempre nel Borinage;

1880
il 20 agosto c. decide di diventare pittore e comincia a dedicarsi assiduamente al disegno con il sostegno morale ed economico di Theo;

a ottobre si trasferisce a Bruxelles dove ai corsi dell'Accademia conosce il pittore compatriota van Rappard;

1881
il 12 aprile si reca a Etten, vi incontra Theo, e rimane a vivere nella casa dei genitori;
in estate si innamora di Kee Sticker, ma viene respinto;
a novembre il padre, ipotizza di far rinchiudere V. in una casa di cura. Theo evita l'internamento e offre nuovamente protezione economica e morale a V.
il 31 dicembre V. si trasferisce all'Aia dove riceve lezioni di pittura dal cugino Antonio Mauve;

1882
a febbraio c. si lega a Clasina Maria Hoornik, detta Sien, che posa per lui;
in aprile rompe con Mauve;
il 15 luglio Sien con la figlia di 5 anni e un neonato si trasferiscono da V. ;

1883
l'11 settembre si separa da Sien e si reca nel Drenthe;
nel dicembre 1883 si trasferisce dai genitori a Nuenen;

1884
in marzo stipula con Theo un contratto tra artista e mercante;
in agosto Margot Begemann s'innamora di V. e tenta il suicidio perché la sua famiglia le impedisce di sposarlo;

1885
il 26 marzo muore improvvisamente il padre Theodorus;
il 27 novembre lascia Nuenen per Anversa;

1886
il 28 febbraio c. si trasferisce a Parigi da Theo;

1887
il 2 marzo c. cura la mostra di stampe Giapponesi al caffè Tambourin. Ha una relazione con Agostina Segatori che termina nell'estate;
nel novembre organizza una mostra nel Restaurant du Chalet a Montmartre in Avenue de Clicky, il cosiddetto Piccolo boulevard, con lavori di Anquetin, Bernard, Arnold Koning, Toulouse-Lautrec e propri;

1888
il 20 febbraio arriva a Arles;
il 10 marzo scrive a Theo esponendo il progetto dell'Atelier du midi;
il 18 marzo scrive a Bernard annunciandogli un quadro del ponte levatoio, da una settimana circa ha conosciuto Rachel;
il 1 maggio affitta la casa Gialla che adibisce a studio, continua a vivere in una camera di affitto sopra un caffè;
il 6 giugno è a Tarascon e dal 10 al 17 giugno a Saintes-Maries-de-la-mer;
il 17 settembre muove alla casa gialla;
il 23 ottobre Gauguin arriva alle cinque di mattina a Arles;
il 17 dicembre V, visita Montpellier e il Museo Fabre con Gauguin;
il 21 dicembre Theo annuncia a V. il fidanzamento con Johanna Bonger;
il 23 dicembre lite di V. con Gauguin; il 24 Gauguin è arrestato, V. è ricoverato in ospedale per amputazione dell'orecchio sinistro;

Autoritratto Senza barba, Saint Rémy, c. settembre 1889, Collezione privata, 40x31 cm F 523 JH JH 1665

il 25 Theo si reca a Arles, va a trovare Vincent. Gauguin, scarcerato, parte immediatamente con Theo per Parigi;
il 26 V. è dimesso ma ha una crisi ed è nuovamente ricoverato, lo curverà il dr. Félix Rey.

1889

il 7 gennaio è dimesso dall'ospedale;
il 3 febbraio V. va a visitare Rachel e ne scrive a Theo;
il 4 febbraio ha una nuova crisi ed è ricoverato per dieci giorni;
il 25 febbraio è forzosamente internato, completamente sano per una petizione di 30 cittadini del quartiere;
il 23 marzo Signac lo visita e insieme entrano nella casa gialla sigillata dalla polizia, V. nelle settimane che seguono esce durante il giorno per dipingere, ma torna all'ospedale per dormire;
il 17 aprile 1889 Johanna Bonger sposa Theo;
l'8 maggio si reca spontaneamente a alla Casa di cura Saint-Paul-de-Mausole di Saint-Rémy-de-Provence,
il 14 luglio c. è in gita a Arles;
il 16 luglio c. attacco e debilitazione per circa 2 mesi sino a fine agosto;
il 15 e 16 novembre c. è a Arles;
il 24 dicembre c. grave attacco e debilitazione per una settimana circa;

1890

il 18 gennaio c. visita nuovamente Arles. Di V. Si perdono le tracce;
il 19 gennaio c. ha una crisi ed è riportato all'asilo, il dr. Auguste Peyron ne scrive a Theo;
il 31 gennaio nasce Vincent, figlio di Theo e Johanna;
il 10 febbraio scrive ad Albert Aurier, in risposta al primo articolo a lui dedicato dal critico;

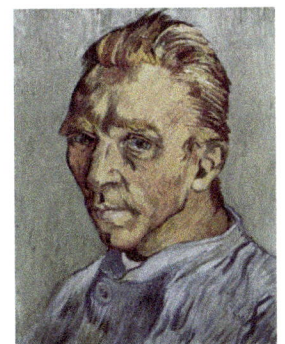

Il 22 febbraio grave crisi che si prolunga sino a fine aprile;
Il 16 maggio lascia l'asilo e parte probabilmente da Arles;
il 17 maggio è a Parigi con Theo, Johanna e il bambino, rivede gli amici e i propri lavori;
il 20 maggio si trasferisce a Auvers-sur-Oise dove vive il dr. Paul Gachet;
l'8 giugno Theo, Jo e il piccolo Vincent sono in visita ad Auvers e conoscono il dr. Gachet;
il 6 luglio trascorre la giornata a Parigi per aiutare Theo, con cui discute animatamente;
il 27 luglio torna dai campi con un proiettile in corpo;
il 29 luglio V., che non viene operato, muore all'alba nella locanda di Auvers abbracciato a Theo;
a fine settembre c. con l'aiuto di Bernard, Theo organizza una retrospettiva dell'opera di V. in casa propria;
il 9 ottobre Theo ha un gravissimo attacco di «dementia paralitica», lo stadio finale della sifilide ed è ricoverato in Olanda;

1891

il 26 gennaio 1891 Theo muore.

Bibliografia commentata

FAILLE 1928 - Jacob Baart de la Faille, *L'Oeuvre de Vincent van Gogh. Catalogue Raisonné*, 4 vol. G. van Oest, Parigi e Bruxelles, 1928.

Opera monumentale dello studioso nato ad Anversa, è il primo catalogo dell'intera produzione di van Gogh con successive edizioni. Quella del 1970 è stata curata da Abraham Hammacher, mentre l'ultima in inglese è pubblicata dall'editrice Alan Wofsy Fine Arts, San Francisco 1992. La citazione «F» seguita dal numero fa riferimento a questo catalogo ed è utile per trovare facilmente in rete l'opera, in particolare nel sito www.vangoghgallery.com.

VAN GOGH 1959 - *Tutte le lettere di Vincent van Gogh*, 3 voll., con una introduzione di Johanna van Gogh - Bonger (edizione italiana curata da M. Donvito e M. Casavecchia), Silvana editoriale d'arte, Milano 1959.

L'indispensabile riferimento per decenni degli studiosi di van Gogh e allo stesso tempo lettura di insuperabile intensità. Dopo tre lustri di preparazione, questa edizione è superata da van Gogh 2009, purtroppo non disponibile in italiano, che è il riferimento per la datazione della corrispondenza e delle opere qui adottata.

ELGAR 1958 - Frank Elgar, *Van Gogh*, Fernand Hazan, Paris 1958.

Un saggio denso, ben scritto e convincente nel collegare vita e opere.

TRALBAUT 1969 - Marc Edo Tralbaut, *Vincent van Gogh*, Garzanti, Milano 1969.

Il libro da cui cominciare a studiare seriamente van Gogh, adatto a qualunque età e per qualunque lettore. Tralbaut è uno studioso di notevole livello scientifico e lavora sin da dopo la seconda guerra mondiale riuscendo addirittura a incontrare testimoni dell'epoca. Il libro intreccia la biografia, dettagliatissima, alla lettura delle opere e offre innumerevoli spunti e suggestioni. Un ringraziamento all'autore che, a chi scrive ragazzo, ha rivelato Vincent.

LECALDANO 1971 - Paolo Lecaldano, *L'opera pittorica completa di van Gogh*, 2 voll., Rizzoli, Milano 1971.

Basato sull'opera di J. B de La Faille del 1928, è un catalogo ben organizzato pur im una edizione rivolta al grande pubblico.

HULSKER 1980 - Jan Hulsker. *The Complete van Gogh*, Phaidon, Londra 1980.

Ultima edizione completa di tutto il lavoro grafico e pittorico di van Gogh. È una edizione filologicamente ineccepibile, rilevante nel presentare in sequenza cronologica tanto i dipinti che i disegni. La citazione «JH» in questo libro va riferimento a questo catalogo.

PICKVANCE 1984 - Ronald Pickvance, Van Gogh in Arles, Metropolitan Museum of Art-Harry Abrams Publisher, New York 1984 (in associazione alla omonima mostra).

Un lavoro di grande accuratezza, e passione, rilevante anche perché all'epoca non vi era accesso informatizzato alla corrispondenza. L'autore nota la differenza tra i dipinti alle pareti nelle diverse versioni della *Stanza di Vincent*, ma non elabora oltre l'osservazione.

PICKVANCE 1986 - Ronald Pickvance, *Van Gogh in Saint-Rémy and Auvers*, Metropolitan Museum of Art-Harry Abrams Publisher, (in associazione alla omonima mostra).

Come il precedente libro dello stesso autore, è encomiabile. In copertina si pubblica il quadro *Strada con cipresso sotto un cielo stellato* e nella scheda relativa all'opera nota la vicinanza con *Coppia che passeggia tra gli ulivi sotto la luna*, ma l'autore non va oltre.

STEIN 1986 - Susan A. Stein, *Van Gogh. A Retrospective*, Park Lane, New York 1986.

Preziosa fonte documentaria con moltissimi documenti d'epoca, altrimenti di difficile reperimento.

LEEMAN 1988 - *Vincent van Gogh* (con saggi di A. Monferini, R. de Leeuw, F. Leeman et al) De Luca, Roma 1988.

Catalogo della mostra a Roma dopo molti anni, con ricche schede filologiche.

LEYMARIE 1989 - Jean Leymarie, *Van Gogh*, Skira-Newton Compton, Roma 1989.

Saggio ineccepibile, acuto e completo con un intreccio valido tra divulgazione e solidità scientifica.

BONAFOUX 1989 - Pascal Bonafoux, *Van Gogh. Selfportraits*, Artline Editions, Parigi 1989.

Pubblicati gli autoritratti e, attraverso, questi, una biografia critica sull'artista.

VAN UITERT 1990 - Evert van Uitert, Louis van Tilborgh, Syraar van Heugten, *Vincent van Gogh. Dipinti*, Arnoldo Mondadori, De Luca Edizioni, Milano e Roma 1990 (in associazione alla omonima mostra per il al centenario della morte).

Buona cura editoriale e ottime riproduzioni, ma deludente nell'impostazione culturale in particolare perché la rilevanza della ricorrenza e per il luogo della mostra - il Museo van Gogh di Amsterdam. I curatori optano per una impostazione filologica tesa principalmente a mettere a confronto le diverse versioni di uno stesso lavoro e sulla differenza tra *Tableau* e *Etude*. Espongono le tre versioni della *Stanza di Vincent* senza rilevanti analisi sulle ragioni del cambio dei dipinti alle pareti.

VAN DER WOLK 1990 - Johannes van der Wolk, Ronald Pickvance, E. B. F. Pey, *Vincent van Gogh. Disegni*, Arnoldo Mondadori, De Luca Edizioni, Milano e Roma 1990.

Accurata disamina dell'opera grafica con cronologia e ottime riproduzioni dei disegni esposti alla mostra del centenario alla Fondazione Kröller Müller di Otterlo.

WALTHER 1990 - Ingo F. Walther e Rainer Metzger, *Vincent van Gogh. All the Paintings*, Taschen, 2 voll. Køln 1990 con successive ampliate riedizioni.

È la prima opera che pubblica oltre il 90% dei dipinti a colori. Estremamente utile sotto questo punto di vista. La scrittura è dettagliata nel presentare aspetti della letteratura critica e delle conoscenze acquisite sul pittore. Edizioni successive perfezionano la qualità delle riproduzioni.

TILBORGH 1999 - Louis van Tilborgh, «"Les Religions passent, Dieu Demeure"», in *Millet van Gogh*, Editions de la Réunion del musées nationaux, Parigi 1998.

Ottimo saggio. Preciso, acuto, della migliore scuola di storia dell'arte.

DRUICK 2001 - Douglas Druick, Peter Kort Zegers, *Van Gogh and Gauguin. The Studio of the South*, con testi anche di B. Salvesen, K. Lister, M. Weaver, Thames & Hudson, Londra, 2001 (in associazione alla mostra).

Eccezionale lavoro (anche in edizione italiana - Electa 2002) e altrettanto importante mostra. Gli autori hanno prodotto uno tra i più bei libri su van Gogh. Stupefacente la precisione, ampi e illuminanti i rimandi, dettagliata giornalmente (sino alle meteorologiche di ciascun giorno) la relazione tra Gauguin e van Gogh a Arles, ma anche valide le pagine sulle vicende antecedenti e sull'evoluzione dopo la convivenza dei due pittori.

HOMBURG 2001 - Cornelia Homburg, *Vincent van Gogh and the Painters of the Petit Boulevard*, Rizzoli, New York 2001.

Bella mostra e valido catalogo che indaga in molti saggi una fase poco conosciuta di van Gogh nel biennio parigino: il ruolo organizzatore di V. per l'affermazione dei pittori del cosiddetto piccolo Boulevard rispetto alla prima generazione di impressionisti.

CHILDS 2001 - Elisabeth Childs, «Seeking the Studio of the South. Van Gogh, Gauguin, & Avant-Garde Identity», in Homburg 2001.

Interessante e dettagliato saggio.

GOLDIN 2002 - *L'impressionismo e l'età di van Gogh* (Marco Goldin ed.), Linea d'ombra, Conegliano 2002.

Bel volume con molto su van Gogh e apporti critici di valore, segnalati in nota.

Marchioni 2007 - Nadia Marchioni, *Van Gogh e il postimpressionismo*, Education.it & Il sole 24 ore, Firenze 2007.

Il volume presenta un ampio saggio critico che è un compendio aggiornato e ben organizzato dei molti studi redatti alla data di pubblicazione, con un saggio bibliografico.

Goldin 2005 - *Gauguin van Gogh l'avventura del colore nuovo* (ed. Marco Goldin), Linea d'ombra, Conegliano 2005.

Catalogo estremamente ben confezionato e piacevole, con alcuni saggi, più oltre citati, certamente di interesse..

Stolwijk 2005 - Chris Stolwijck «"Per una buona causa" Théo van Gogh e Paul Gauguin», in Goldin 2005.

La relazione tra Theo e Gauguin è qui studiata in maniera approfondita ed è stata qui di utilità a costruire alcuni aspetti della tesi presentata.

Van Heugten 2008 - *Van Gogh and the colors of the night*, (eds. S. van Heugten, J. Pissarro, C. Stolwijk), MOMA | van Gogh Museum, New York 2008.

La mostra ha il merito di aver messo a fuoco un argomento molto importante dell'opera di van Gogh.

Van Gogh 2009 - *Vincent van Gogh – The Letters, The Complete Illustrated and Annotated Edition*, (eds. Leo Jansen, Hans Luijten, Nienke Bakker del Museo van Gogh in associazione con l'Istituto Huygens), 6 voll., ediz. Inglese, Thames and Hudson, Londra 2009, ediz. francese Actes sud, Parigi 2009.

Magnifica edizione, lungamente attesa. È un lavoro ineccepibile filologicamente, denso di rimandi e di preziose annotazioni che rende agevole e piacevole una piena lettura della corrispondenza organizzata cronologicamente. Sono riprodotte inoltre sempre le opere d'arte di cui van Gogh tratta. Il Museo van Gogh mette a disposizione di tutti questo lavoro anche nel sito http://vangoghletters.org/vg/, che è forse il più curato mai prodotto su un artista. Si tratta di uno strumento per l'indagine scientifica di alto livello con un'implementazione del database che consente approfondite ricerche incrociate tra le informazioni in esso contenute e riassunti i numerosi libri citati nella corrispondenza.

Homburg 2010 - *Vincent van Gogh. Campagna senza tempo - Città moderna* (ed. Cornelia Homburg), Skira, Milano 2010.

Catalogo ben redatto di una mostra che, pur non presentando le vette del lavoro di van Gogh, è stata ampia e curata anche nel confronto con le opere dei pittori che lo hanno ispirato.

Naifeh 2011 - Steven Naifeh and Gregory White Smith, *van Gogh: The Life*, Random House, New York 2011.

Lavoro biografico monumentale, di estrema utilità, ricco di dettagli e di scoperte illuminanti e contemporaneamente valida opera letteraria. La biografia si appoggia a un sito bibliografico vangoghbiography.com/. In più di 150 pagine gli autori illustrano la tesi secondo a quale la morte di van Gogh sarebbe accaduta all'interno di una bravata di adolescenti. Ipotesi successivamente ripresa in diversi film.

Saggio 2011 - Antonino Saggio, «La camera da letto di Vincent van Gogh: rappresentazioni simboliche, riferimenti autobiografici, deformazioni prospettiche» / «The Bedroom by van Gogh: symbols, autobiographical images and perspective distortions». *Disegnare Idee e Immagini*, vol. XXII, n. 43 2011 p. 12-25.

Si presenta quanto qui discusso con i parametri di una rivista scientifica.

Adler 2014 - *Van Gogh l'Uomo e la terra* (a cura di Katheleen Adler), 24ore Cultura, Milano 2014.

Mostra e catalogo hanno approfondito uno dei motivi chiave dell'arte di van Gogh. Il rapporto con il mondo contadino e il paesaggio rurale è ripercorso tanto negli anni cruciali della aderenza integrale al mondo della terra negli ultimi due anni trascorsi in Olanda che successivamente. Immagini di grandi dimensioni e qualità.

Murphy 2016 - Benedette Murphy, *Van Gogh's Ear: The True Story*, Chatto & Windus, London and New York 2016.

A questo lavoro si deve il ritorno del convincimento degli studiosi sulla integrale amputazione dell'orecchio. L'autrice si diffonde sulla figura di Rachel avventurandosi in ipotesi - belle letterariamente - poco verificate.

Bakker 2016 - N. Bakker, L. van Tilborgh, L. Prins con T Meedendorp, *On the verge of insanity van Gogh and his illness* .Yale University Press, New Haven 2016.

Interessanti materiali iconografici - esposti alla omonima mostra - il libro ripercorre quanto noto approfondendo in particolare il tema del taglio dell'orecchio. Dà autorevole credito a quanto esposto in Murphy 2016.

Sánchez 2016 - Camilo Sánchez, *La vedova van Gogh*, Marcos Y Marcos, Milano 2016.

Il libro ripercorre tanto la relazione tra la moglie di Theo e Vincent mentre il pittore era in vita, sia la tenace e intelligente azione per portare l'arte di van Gogh al riconoscimento che meritava.

Bailey 2019 - Martin Bailey, *Living with Vincent van Gogh*, White Lion, Londra 2019.

Una indagine trasversale attraverso i quadri di van Gogh ma anche fotografie e dipinti di altri artisti per descrivere il mondo che circondava il pittore e che ha contribuito a dare "forma" alla sua arte.

Goldin 2020 - Marco Goldin, *van Gogh l'autobiografia mai scritta*, La nave di Teseo, Milano 2020.

Goldin è stato curatore di grandi mostre-evento più d'una dedicata a van Gogh. Il libro è di interesse nel ripercorrere le vicende biografiche. Edizione rilevante, inspiegabile tanto la mancanza di riferimenti alle lettere - ampiamente citate nel testo - che a ogni fonte bibliografica.

Coppia che cammina tra file di pioppi, (dettaglio), Auvers, c. 22 giugno 1890, Cincinnati Art Museum, Cincinnati 50x100 F 773 JH 2041

Guzzoni 2020 - Mariella Guzzoni, *I Libri di Vincent*, Johan&Levi, Monza 2020.

Lettore vorace per tutta la vita, le letture di van Gogh (dai grandi scrittori inglesi come Scott o Dickens agli scrittori francesi come Zola Maupassant De Goncourt sino ai romanzieri che raccontano del nuovo lontano Oriente) vengono ripercorse Le stampe presenti nei libri che van Gogh leggeva contribuiscono a definire il suo universo di riferimento.

Naifeh 2021 - Steven Naifeh, *Van Gogh and the Artists He Loved*, Random House, New York 2021.

Non ci si poteva aspettare di meno dall'autore di *The Life* (cfr. Naifeh 2011). Il libro ha un taglio specialistico concentrandosi sulle influenze nella pittura di van Gogh da parte di altri artisti. La qualità della scrittura, l'originalità delle osservazioni e dei riferimenti rendono il libro un felice avvenimento per tutti gli studiosi del pittore olandese.

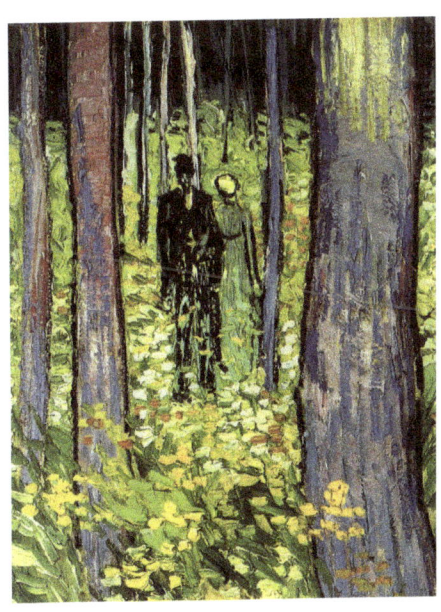

ARTE E AROUND

Lo Specchio di Caravaggio
Hugo Pratt On the Rooftops of Venice: In Search of Corto Maltese
Hugo Pratt Sopra i tetti di Venezia: Alla ricerca di Corto Maltese
Hugo Pratt À la Recherche de Corto Maltese: Sur le Toits de Venice
Zanna Bianca un Fumetto di Giancarlo Guarda da Jack London
I segreti di Vincent van Gogh
Rachel Paul e Theo
Le Secrets de Vincent van Gogh
Rachel Paul e Theo
Franco Purini
Tele Parlanti

Vita Nostra Edizioni

Tutti i diritti riservati per il testo
Creative Commons per le Immagini
Copie del libro si possono ordinare su Amazon.it
Finito di stampare nel mese di Aprile 2026

www.ingramcontent.com/pod-product-compliance
Lightning Source LLC
Chambersburg PA
CBHW070240220526
45465CB00004B/1467